4.-10. Schuljahr

Rudi Lütgeharm

Die Erde – der blaue Planet

Ein besonderer Planet im Sonnensystem

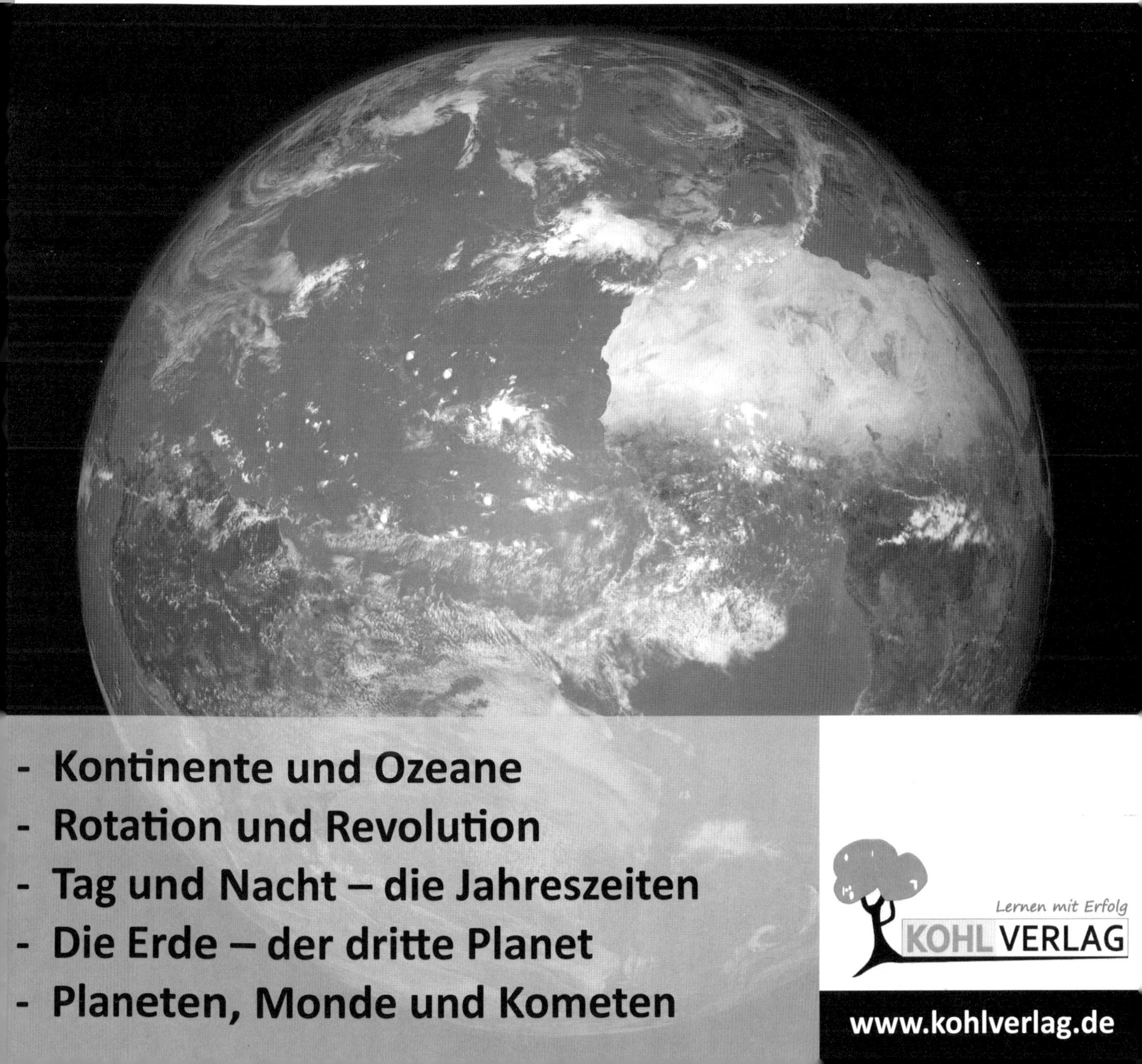

- Kontinente und Ozeane
- Rotation und Revolution
- Tag und Nacht – die Jahreszeiten
- Die Erde – der dritte Planet
- Planeten, Monde und Kometen

www.kohlverlag.de

Die Erde – der blaue Planet

Ein besonderer Planet in unserem Sonnensystem

2. Auflage 2024

Inhalt: Rudi Lütgeharm
Umschlagbild: © styleuneed - AdobeStock.com
Redaktion: Kohl-Verlag
Grafik & Satz: Eva-Maria Noack & Kohl-Verlag
Druck: Druckerei Flock, Köln

Bestell-Nr. 12 298

ISBN: 978-3-96040-471-2

Bildquellen:

S. 4: © cosmicvue - AdobeStock.com; **S. 5:** © harvepino - AdobeStock.com; **S. 8:** © hanohiki - AdobeStock.com, © sntpzh - AdobeStock.com; **S. 9:** © Gstudio Group - AdobeStock.com; **S. 10:** © Sergio J. Lievano - AdobeStock.com, © ibraman3012 - AdobeStock.com, © juliars - AdobeStock.com; **S. 11:** © sdecoret - AdobeStock.com, © ibraman3012 - AdobeStock.com; **S. 12:** © Lorelyn Medina - AdobeStock.com, © Peter Hermes Furian - AdobeStock.com; **S. 13:** © ibraman3012 - AdobeStock.com; **S. 15:** © ibraman3012 - AdobeStock.com; **S. 17:** © Vibe Images - AdobeStock.com; **S. 18:** © Peter Hermes Furian - AdobeStock.com; **S. 19:** © Vibe Images - AdobeStock.com; **S. 20:** © Vibe Images - AdobeStock.com; **S. 21:** © Vibe Images - AdobeStock.com; **S. 22:** © Peter Hermes Furian - AdobeStock.com; **S. 24:** © Peter Hermes Furian - AdobeStock.com; **S. 25:** © luisrsphoto - AdobeStock.com; **S. 26:** © Mopic - AdobeStock.com, © santa43 - AdobeStock.com, © Dimonika - AdobeStock.com; **S. 27:** © vmdesignvideo - AdobeStock.com, © sntpzh - AdobeStock.com; **S. 28:** © MMphotos - AdobeStock.com; **S. 29:** © sntpzh - AdobeStock.com; **S. 30:** © sntpzh - AdobeStock.com; **S. 31:** © Jemastock - AdobeStock.com; **S. 32:** © Sergio J. Lievano - AdobeStock.com; **S. 33:** © juliars - AdobeStock.com; **S. 34:** © sntpzh - AdobeStock.com; **S. 35:** © Jemastock - AdobeStock.com, © Marina - AdobeStock.com; **S. 36:** © Von hecke71 - AdobeStock.com, © Sergio J. Lievano - AdobeStock.com; **S. 39:** © Dimonika - AdobeStock.com; **S. 40:** © hanohiki - AdobeStock.com; **S. 41:** © Jakinnboaz - AdobeStock.com; **S. 42:** © forafontova - AdobeStock.com; **S. 43:** © D1min - AdobeStock.com, © Victoria Kalinina - AdobeStock.com; **S. 47:** © Sergio J. Lievano - AdobeStock.com, © ibraman3012 - AdobeStock.com, © juliars - AdobeStock.com; **S. 48:** © Lorelyn Medina - AdobeStock.com, © ibraman3012 - AdobeStock.com; **S. 49:** © Peter Hermes Furian - AdobeStock.com; **S. 50:** © juliars - AdobeStock.com; **S. 51:** © Dimonika - AdobeStock.com.

Der vorliegende Band ist eine Print-Einzellizenz

Sie wollen unsere Kopiervorlagen auch digital nutzen? Kein Problem – fast das gesamte KOHL-Sortiment ist auch sofort als PDF-Download erhältlich! Wir haben verschiedene Lizenzmodelle zur Auswahl:

	Print-Version	PDF-Einzellizenz	PDF-Schullizenz	Kombipaket Print & PDF-Einzellizenz	Kombipaket Print & PDF-Schullizenz
Unbefristete Nutzung der Materialien	x	x	x	x	x
Vervielfältigung, Weitergabe und Einsatz der Materialien im eigenen Unterricht	x	x	x	x	x
Nutzung der Materialien durch alle Lehrkräfte des Kollegiums an der lizensierten Schule			x		x
Einstellen des Materials im Intranet oder Schulserver der Institution			x		x

Die erweiterten Lizenzmodelle zu diesem Titel sind jederzeit im Online-Shop unter www.kohlverlag.de erhältlich.

Inhalt

Vorwort / Einführung

Blauer Planet Erde – „wunderschön“ und schützenswert

> "Wir sind alle Passagiere an Bord des Schiffes Erde.
> Wir dürfen nicht zulassen, dass es zerstört wird.
> Eine zweite Arche Noah wird es nicht geben."
>
> *Michael Gorbatschow*

Menschen, Pflanzen und Tiere leben auf dem Planet Erde. Der Mensch hat darüber hinaus die Möglichkeit, die Umwelt aktiv und hoffentlich nachhaltig zu gestalten. Die Erde als Ganzes ist schützenswert und sollte von allen Menschen mit besonderer Umsicht geachtet werden.

Alexander Gerst, der erste deutsche Kommandant der internationalen Raumstation ISS, ist nach sechseinhalb Monaten im Weltraum wieder auf der Erde gelandet. Gemeinsam mit der US-amerikanischen Astronautin Serena Auñón-Chancellor und dem russischen Kosmonauten Sergei Prokopjew landete Gerst nach einem dreieinhalbstündigen Flug in einer Raumkapsel in Kasachstan am 20.12.2018.

<u>Hinweis</u>: **Am 12. April 1961 umkreiste zum ersten Mal ein Mensch in einem Raumschiff die Erde – der sowjetische Kosmonaut Juri Gagarin.**

Obwohl er insgesamt schon fast ein Jahr im All verbracht und währenddessen täglich auf die Erde herabgeschaut habe, könne er sich an diesem Anblick einfach nicht sattsehen, erzählt der Astronaut.

Er beschreibt damit sehr anschaulich, wie ungewöhnlich unser blauer Planet mit Blick aus dem All aussieht. Gleichzeitig mahnt er uns aber auch, umsichtiger und nachhaltiger mit unserer Erde umzugehen, damit auch zukünftige Generationen hier leben können.

KOHL VERLAG DIE ERDE – unser blauer Planet

Vorwort / Einführung

Gerst sagt in dem Video, dass er sich bei seinen Enkeln[1] entschuldigen wolle:

„Im Moment sieht es so aus, als ob wir – meine Generation – euch den Planeten nicht gerade im besten Zustand hinterlassen werden."

Auch wenn viele Menschen dies leugnen würden, erklärt Gerst, sei den meisten in Wirklichkeit schon lange klar, dass ihre Handlungen die Luft verpesten, das Klima zum Kippen bringen und die Meere mit Müll verschmutzen würden. „Ich hoffe sehr für euch, dass wir noch die Kurve kriegen", beteuert Gerst.[2]

Nur was man kennt, kann man auch schützen!

Diese Aussage betrifft in besonderer Weise „unseren Planeten Erde". Dieses Buch soll dazu beitragen, grundlegendes Wissen in leicht verständlicher Form zu vermitteln und die besondere Stellung der Erde im Sonnensystem zu veranschaulichen. Die Schüler[1] sollen grundlegendes Wissen erwerben und diese Kenntnisse/Fähigkeiten mit interessanten Aufgaben/Übungen anwenden und vertiefen.

Erfolgreiches Lernen und Üben und viel Freude mit den vorliegenden Kopiervorlagen wünschen Ihnen der Kohl-Verlag und

Rudi Lütgeharm

[1] *Aufgrund der besseren Lesbarkeit wird im Folgenden die männliche Form (Schüler bzw. Lehrer) verwendet. Gemeint sind damit selbstverständlich auch die weiblichen Personen.*

[2] *Zeit online – 20. Dezember 2018*

1 Didaktisch-methodische Hinweise und Vorwissen

Lehrplan/Kerncurriculum

In der Regel werden sich die Schüler der Klassen 5 und 6 schwerpunktmäßig mit dem Thema „Unser blauer Planet – die Erde“ bzw. „Unser Sonnensystem“ beschäftigen und dabei wichtige Begriffe und Zusammenhänge kennenlernen und anwenden.
Zwei exemplarisch ausgewählte Beispiele aus den Bundesländern Bayern und Niedersachsen machen deutlich, dass dieses Thema in den Schuljahrgängen 5 und 6 ein wichtiger Bestandteil des Geographieunterrichts sein sollte.

Bayern

<u>Geographie 5</u>[1]

Lernbereich Erde (ca. 8 Std.)

Inhalte zu den Kompetenzen:

- Aufbau des Weltalls und unseres Sonnensystems (Galaxie, Bestandteile unseres Sonnensystems, insbesondere Sterne, Planeten und Monde)
- Satelliten in der Erdumlaufbahn
- Weltraummissionen (z. B. ISS, Erforschung des Mars)
- Bewegungen der Erde (Drehung um die geneigte Erdachse, Drehung um die Sonne)
- Besonderheiten des *Blauen Planeten* (Atmosphäre, Sonne und Wasser als Voraussetzungen des Lebens)
- Entstehung, Alter, wichtige erdgeschichtliche Epochen und Aufbau der Erde (Schalenbau)

Niedersachsen

<u>3.5 Fachwissen</u>[2]

Fachwissen (F)	Am Ende von Schuljahrgang 6
	Die Schülerinnen und Schüler …
F 1	
Naturgeographische Phänomene und Prozesse	... beschreiben den Aufbau unseres Sonnensystems und erläutern die Entstehung von Tages- und Jahreszeiten sowie die Entstehung von Gezeiten (Physik)

Deutsche Gesellschaft für Geografie

Auch die Deutsche Gesellschaft für Geographie (2014) nennt Bildungsstandards im Fach Geographie für den Mittleren Schulabschluss:
Kompetenz F1 als die Fähigkeit, das ganze System Erde als Teil des Sonnensystems, also eines übergeordneten Systems, zu charakterisieren.[3]
F1 Fähigkeit, die Erde als Planeten zu beschreiben
Schülerinnen und Schüler können …

- S1 grundlegende planetare Merkmale (z. B. Größe, Gestalt, Aufbau, Neigung der Erdachse, Gravitation) beschreiben,
- S2 die Stellung und die Bewegungen der Erde im Sonnensystem und deren Auswirkungen erläutern (Tag und Nacht, Jahreszeiten).[4]

<u>Hinweis</u>: S steht für Standard.

---

1 *Staatsinstitut für Schulqualität und Bildungsforschung – München, Fach Geographie – gültig ab Schuljahr 2017/18*

2 *Niedersächsisches Kultusministerium: Kerncurriculum für die Oberschule – Schuljahrgänge 5-10-Erdkunde, S. 20*

3 *Deutsche Gesellschaft für Geographie (2014) Bildungsstandards im Fach Geographie für den Mittleren Schulabschluss mit Aufgabenbeispielen, Seite 12*

4 *Deutsche Gesellschaft für Geographie (2014) Bildungsstandards im Fach Geographie für den Mittleren Schulabschluss mit Aufgabenbeispielen, Seite 13*

1 Didaktisch-methodische Hinweise und Vorwissen

Mögliche Inhalte/Themenbereiche

Wenn man sich mit dem Planeten Erde intensiv beschäftigt, werden u.a. folgende Themenbereiche berührt und müssen deshalb in der geplanten Unterrichtseinheit mit unterschiedlichen Anteilen angesprochen und behandelt werden.

Inhalte/Themenbereich	Vorwissen – mögliche (erwartete) Schüleräußerungen (auch andere Beiträge sind möglich)
die Erde ist eine Kugel	kann man gut an der Nordseeküste mit einem Fernglas beobachten = ein Schiff versinkt hinter dem Horizont, je weiter es sich von der Küste entfernt.
die Drehung der Erde (Rotation)	Einmal am Tag dreht sich die Erde um die eigene Achse, dadurch entstehen Tag und Nacht.
Entstehung von Tag und Nacht	
Durchmesser der Erde	Die Erde hat einen Durchmesser von ca. 12.700 km.
Umfang der Erde am Äquator	Am Äquator (dem Bauch der Erde) hat sie einen Umfang von ca. 40.000 km.
Verteilung von Wasser und Land auf der Erde	Die Wasserfläche auf der Erde - ca. 361 Mill. km² = 71 %, die Landfläche ca. 149 Mill. km² = 29 %. Die Nordhalbkugel nennt man auch Landhalbkugel, die Südhalbkugel nennt man auch Wasserhalbkugel.
Ozeane und Kontinente	3 Ozeane und 7 Kontinente: Pazifik – Atlantik – Indik und Nordamerika – Südamerika – Europa – Afrika – Asien – Australien/Ozeanien – Antarktika
die Erde hat einen Mond	Die Erde hat einen Mond, der sie in rund 30 Tagen (also in einem Monat) umkreist.
die Erde im Sonnensystem	Die Erde umkreist wie alle anderen Planeten die Sonne (Sonnensystem).
weitere Planeten im Sonnensystem	insgesamt 8 Planeten: Merkur – Venus – Erde – Mars – Jupiter – Saturn – Uranus – Neptun
die Erde dreht sich um die Sonne	Die Erde umkreist die Sonne auf einer elliptischen (eiförmigen) Bahn entgegen dem Uhrzeigersinn. Sie benötigt dafür ca. 365 Tage.
Jahreszeiten	Wenn auf der Nordhalbkugel Sommer ist, dann ist auf der Südhalbkugel Winter.
Größenvergleich: Sonne – Erde und Mond usw.	Sonne = großer Gymnastikball; Erde = Kirsche; Mond = Erbse

Tipp: Sollten die Schüler wenig Vorwissen haben, kann diese Übersicht für einen evtl. später anzufertigenden Steckbrief der Erde verwendet werden. Natürlich kann diese Übersicht auch reduziert oder ergänzt werden.

1 Didaktisch-methodische Hinweise und Vorwissen

Der Fachlehrer muss bei seiner Planung die unterschiedlichen Vorkenntnisse der Schüler berücksichtigen; d.h. welche Inhalte sind in der Grundschule schon angesprochen worden bzw. welches Wissen haben sich einzelne Schüler selbst angeeignet (Internet, Zeitschriften, Elternhaus etc.).

Erde (Gestalt, Rotation, Erdachse, Mond, Wasser – Land, Kontinente – Ozeane)

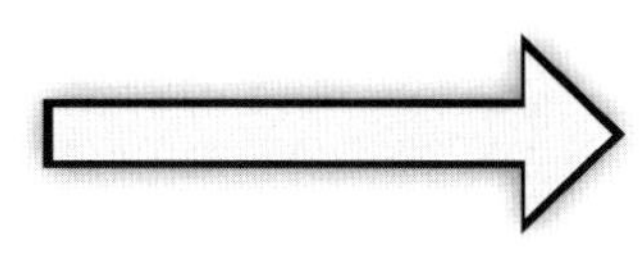

Sonnensystem (Erde dreht sich um die Sonne, Tag und Nacht, Jahreszeiten, weitere Planeten)

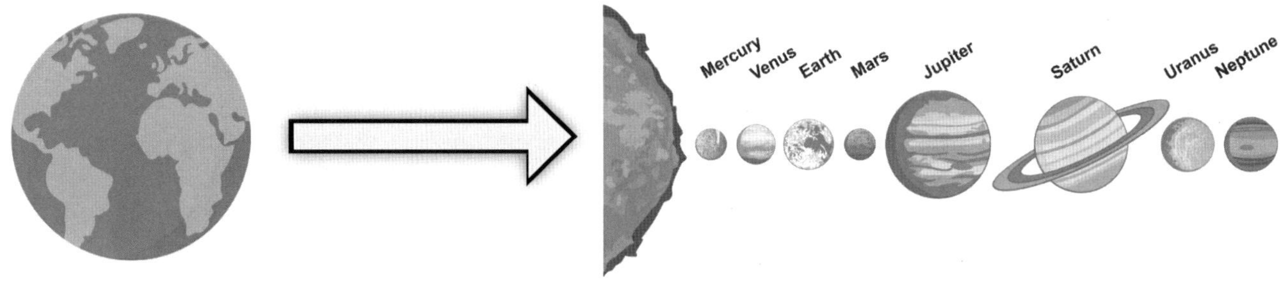

Es hat sich methodisch bewährt, vom Bekannten/Einfachen auszugehen und danach die Stellung und Bewegungen der Erde im Sonnensystem zu behandeln, d.h. zunächst auf die Erde (Gestalt, Rotation, Mond, Wasser – Land, Ozeane, Kontinente) einzugehen und darauf aufbauend unser Sonnensystem und dann den davon beeinflussten Alltag (Tag und Nacht, Jahreszeiten, Zeitzonen etc.) zu bearbeiten.

Natürlich bleibt die Planung und methodische Umsetzung jedem Lehrer selbst überlassen, die er aufgrund seiner Erfahrungen und unter Berücksichtigung der jeweiligen Schülergruppe erstellt bzw. durchführt.

Dieses Buch soll dabei unterstützen und stellt ein breites thematisches Angebot mit Aufgaben zur praktischen Umsetzung bereit.

1 Didaktisch-methodische Hinweise und Vorwissen

Folgende Begriffe werden u.a. in diesem Buch genannt und erläutert.
Daher dient die Aufgabe (so wie die nächste) zur Ermittlung der Vorkenntnisse der Schüler.

Aufgabe 1: *Ordne die Begriffe alphabetisch untereinander und erkläre sie kurz. Schreibe in dein Heft/deinen Ordner.*

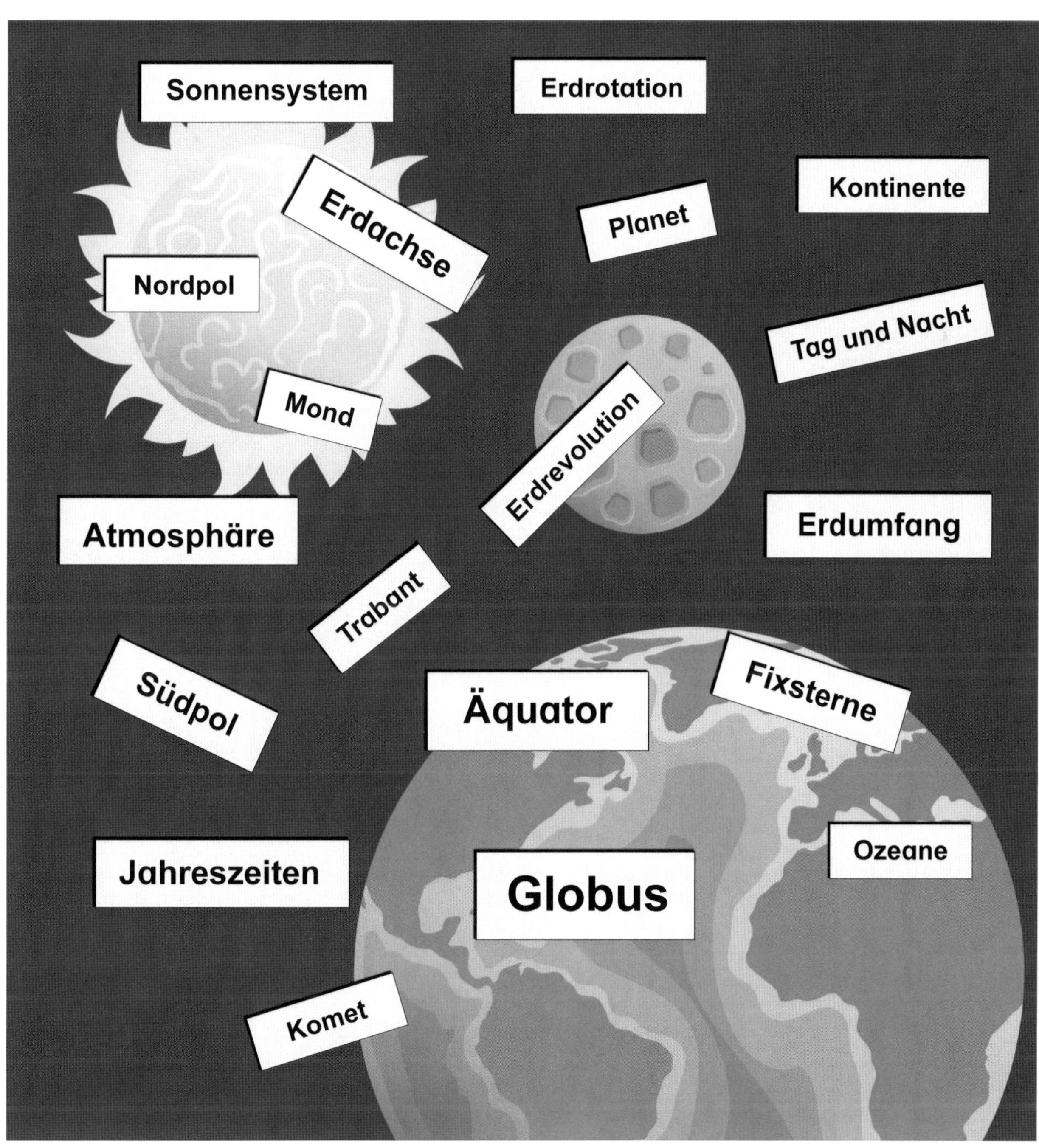

1 Didaktisch-methodische Hinweise und Vorwissen

Aufgabe 2: *Ordne die Texte den richtigen Abbildungen zu.*
Zeichne jeweils eine Linie von der Abbildung zum passenden Text.

Abb. 1

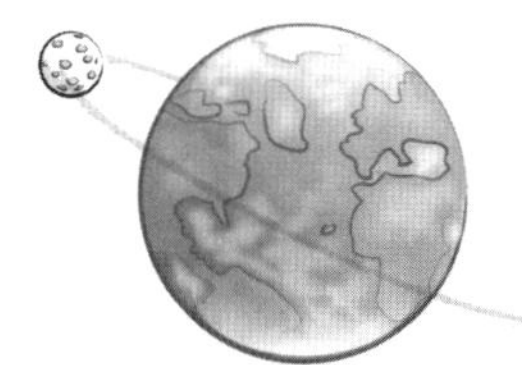

Die Rotationsachse der Erde neigt sich um 23,5°, daher erreichen die Sonnenstrahlen die verschiedenen Breitengrade in einem unterschiedlichen Einfallswinkel.

Abb. 2

Die Erde ist der dritte Planet in unserem Sonnensystem. Er (der Planet) umkreist die Sonne in rund 365 Tagen auf einer elliptischen Laufbahn.

Abb. 3

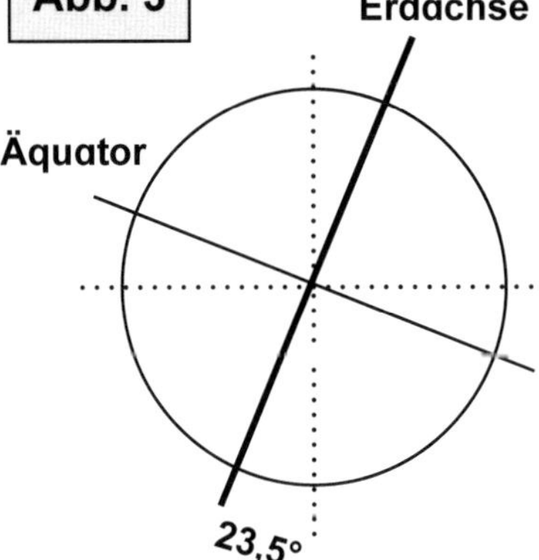

Die Erde selber wird von einem Mond umkreist. Häufig ist dieser Mond in der Nacht am Himmel zu sehen.

Abb. 4

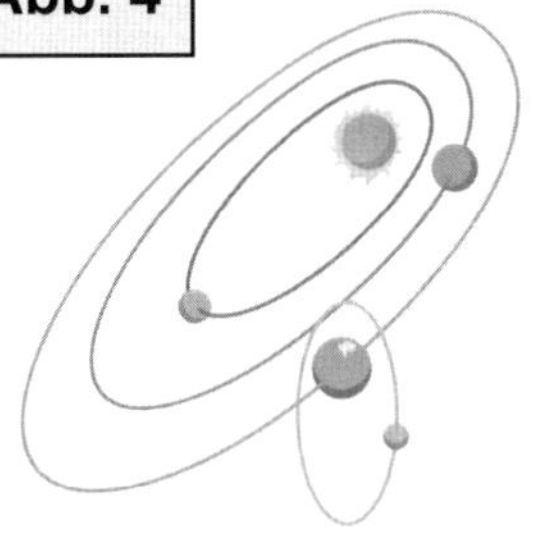

Das ist eine verkleinerte Darstellung der Erdkugel.

2 Die Erde – der blaue Planet

Astronauten aus dem All sehen die Erde in ihrer wirklichen Gestalt als Kugel. Sie erkennen Kontinente und Ozeane, wobei die blaue Farbe des Wassers bestimmend ist.

Man nennt die Erde daher auch den „blauen Planeten".

Alexander Gerst, der erste deutsche Kommandant der internationalen Raumstation ISS: Obwohl er insgesamt schon fast ein Jahr im All verbracht und währenddessen täglich auf die Erde herabgeschaut hat, **könne er sich an diesem Anblick einfach nicht sattsehen, erzählt der Astronaut**.

Auch auf einer **Weltkarte** wird auf einen Blick deutlich, dass die Erdoberfläche wesentlich mehr Wasser- als Landflächen aufweist.

Wenn Schüler die Erde wie ein Astronaut im Weltraum betrachten möchten, geht das nur an einem Modell – **dem Globus**. Dabei wird schnell deutlich, dass die Land- und Wasserflächen flächenmäßig große Unterschiede aufweisen, d.h. ein Drittel der Erdoberfläche wird von Land- und zwei Drittel von Wasserflächen eingenommen.

Die Erde erscheint als „blauer Planet".

2 Die Erde – der blaue Planet

Aufgabe 1: *Bestimme die Ozeane und Kontinente.*

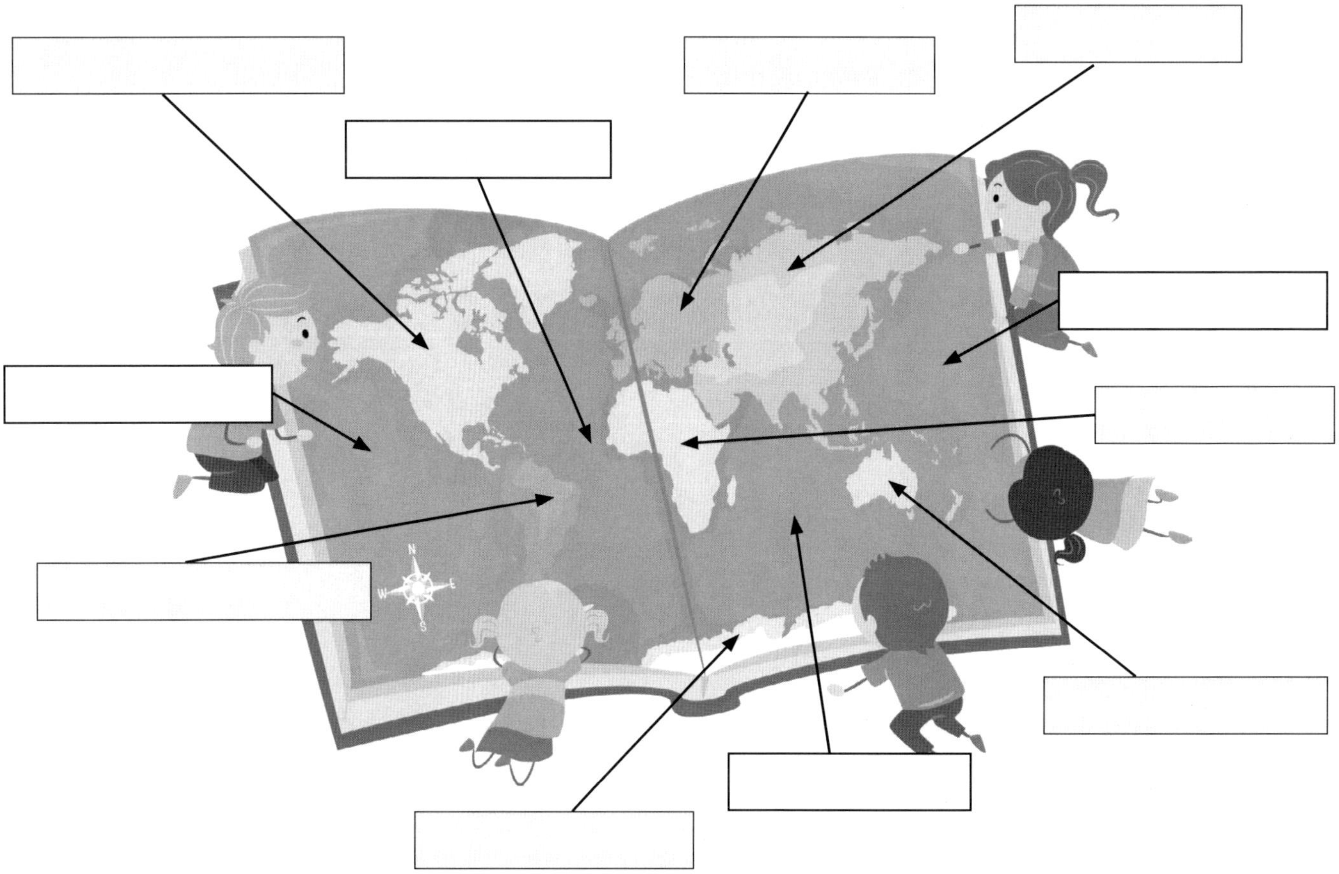

Aufgabe 2: *Welche Kontinente liegen komplett auf der Nordhalbkugel?*
Welche Kontinente liegen komplett auf der Südhalbkugel?

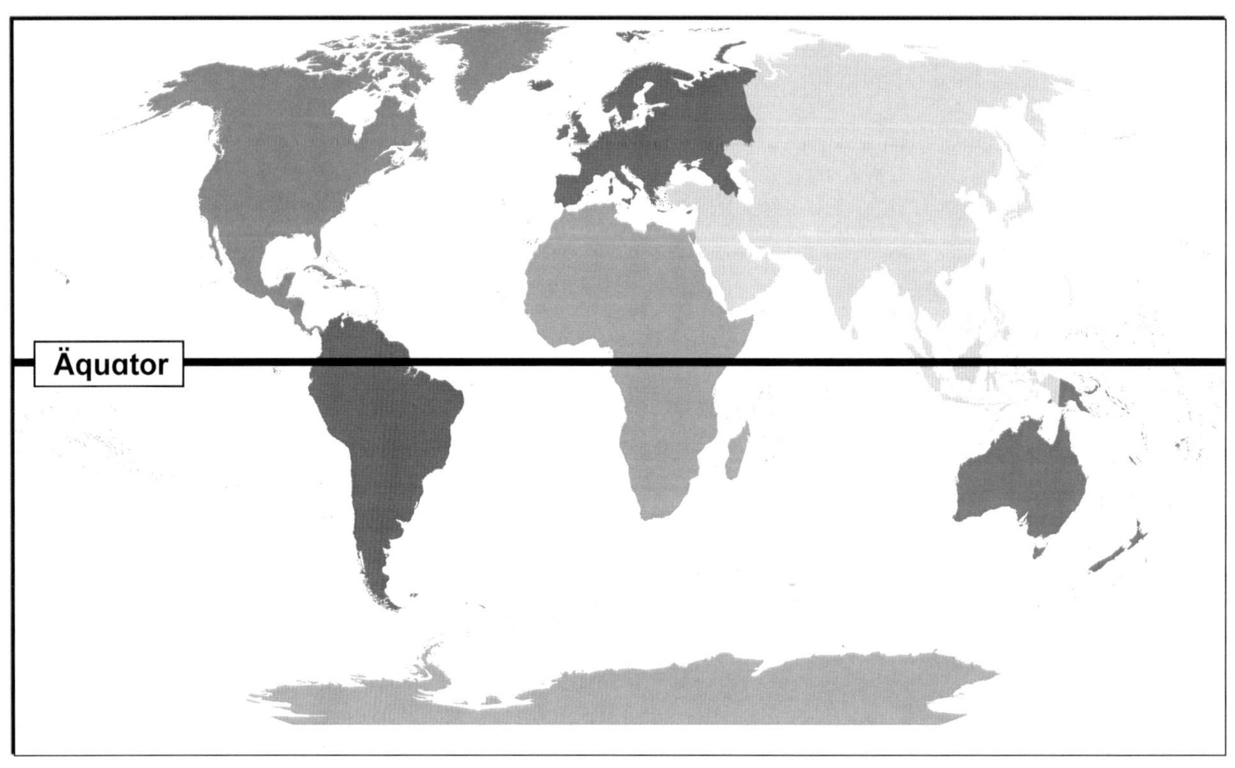

2 Die Erde – der blaue Planet

Aufgabe 3: *Beschrifte den Globus.*

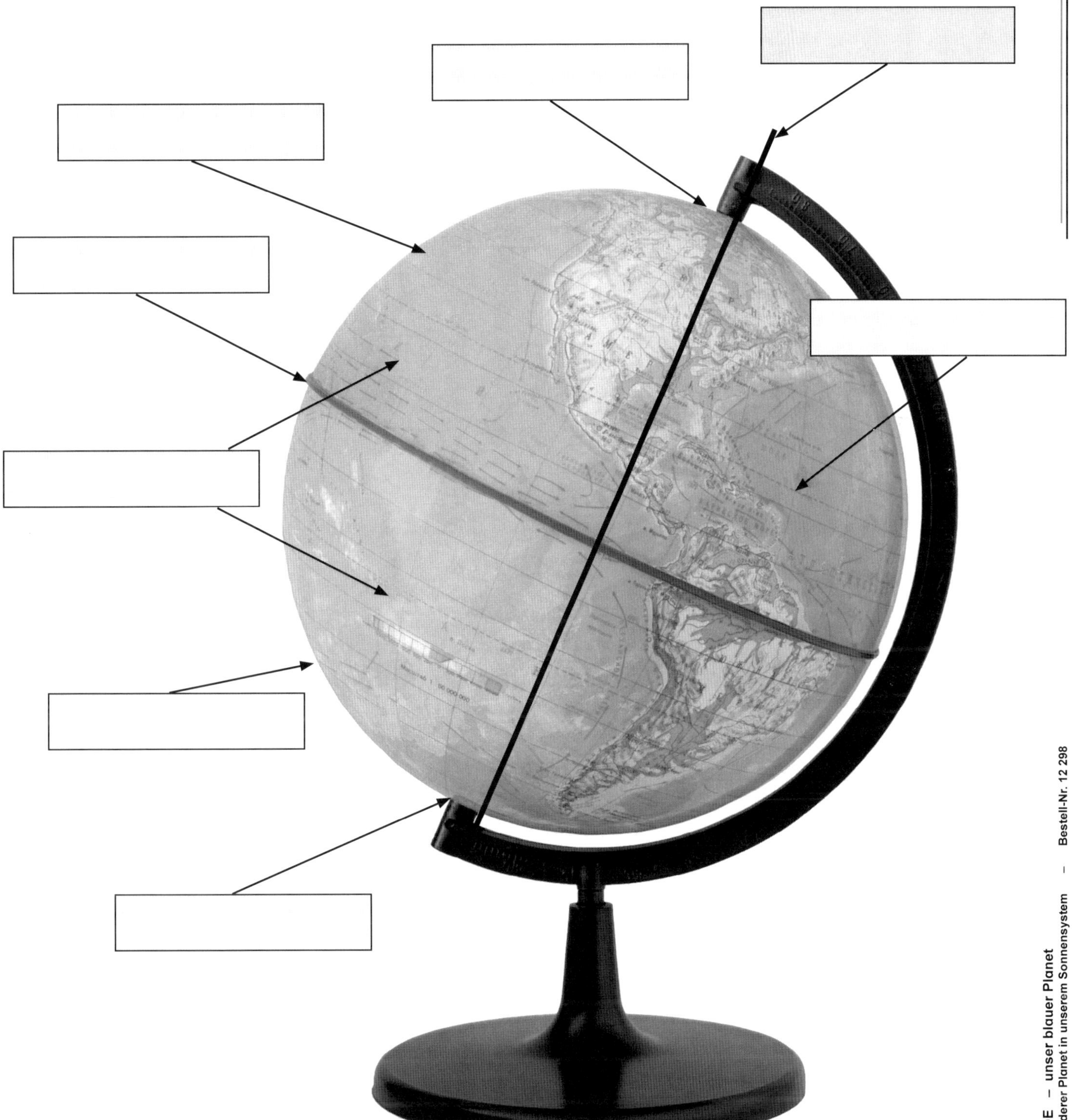

3 Verteilung von Land und Wasser

Auf dem blauen Planeten Erde gibt es riesige Wasserflächen, aber auch große Landflächen.

Landfläche = 149 Mio. km^2
Wasserfläche = 361 Mio. km^2

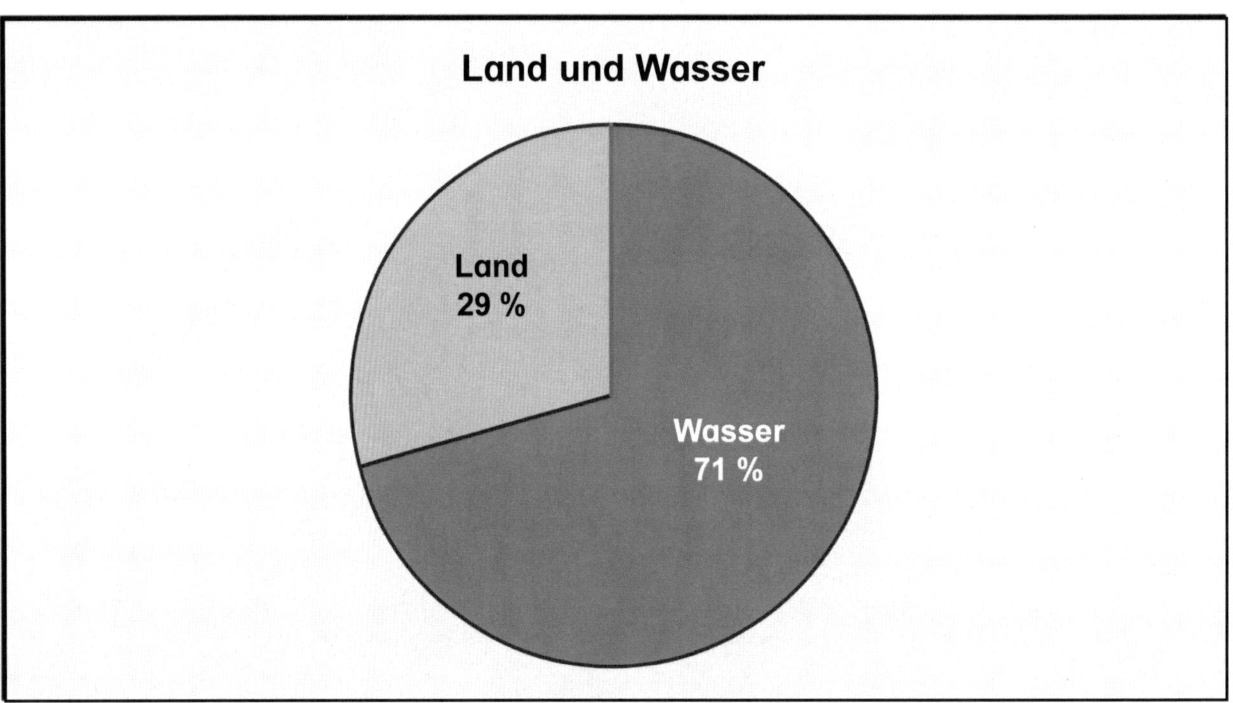

Wasserflächen = Ozeane/Weltmeere mit Randmeeren

Atlantischer Ozean = 106 Mio. km^2
Pazifischer Ozean = 180 Mio. km^2 = größter Ozean
Indischer Ozean = 75 Mio. km^2 = kleinster Ozean

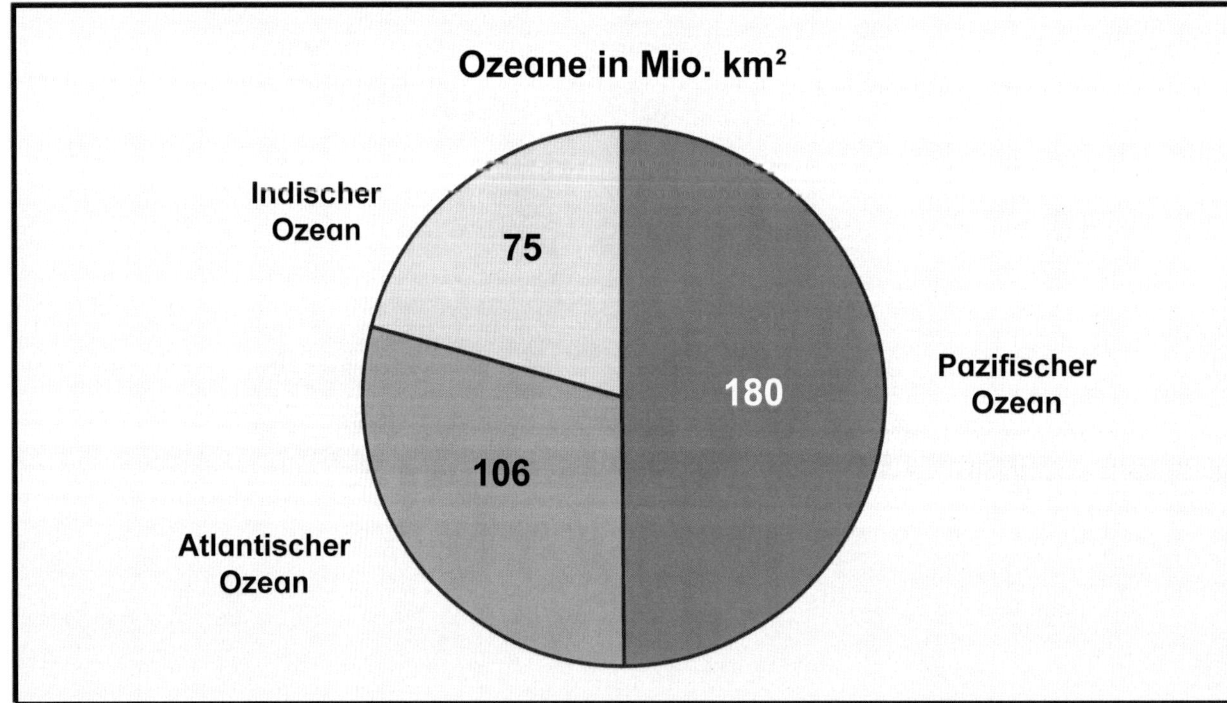

3 Verteilung von Land und Wasser

Landflächen = Kontinente/Erdteile

Nordamerika	=	24 Mio. km^2
Südamerika	=	18 Mio. km^2
Europa	=	10 Mio. km^2
Afrika	=	30 Mio. km^2
Asien	=	44 Mio. km^2
Australien/Ozeanien	=	9 Mio. km^2
Antarktika	=	14 Mio. km^2

Kontinente/Erdteile in Mio. km^2

KOHL VERLAG
DIE ERDE – unser blauer Planet
Ein besonderer Planet in unserem Sonnensystem – Bestell-Nr. 12 298

3 Verteilung von Land und Wasser

Aufgabe 1: *Ergänze die Sätze mit den folgenden Begriffen:*

Pazifische – Landfläche – Indische – drei Ozeanen – doppelt – sechsmal – zweimal – dreimal – viermal

a) Die ______________________ der Erde besteht aus sieben Kontinenten.

b) Die Wasserfläche der Erde besteht aus ______________________.

c) Die Wasserfläche auf der Erde ist mehr als ______________ so groß wie die Landfläche.

d) Der ___________________ Ozean ist mehr als ________________ so groß wie Nordamerika.

e) Der _____________________ Ozean ist mehr als ________________ so groß wie Asien.

f) Südamerika ist _______________________ so groß wie Australien.

g) Der Atlantische Ozean ist fast ___________________ so groß wie Südamerika.

Aufgabe 2: *Verbinde die links in der Tabelle stehenden Begriffe mit den Aussagen auf der rechten Seite, sodass sich sinnvolle Erklärungen ergeben.*

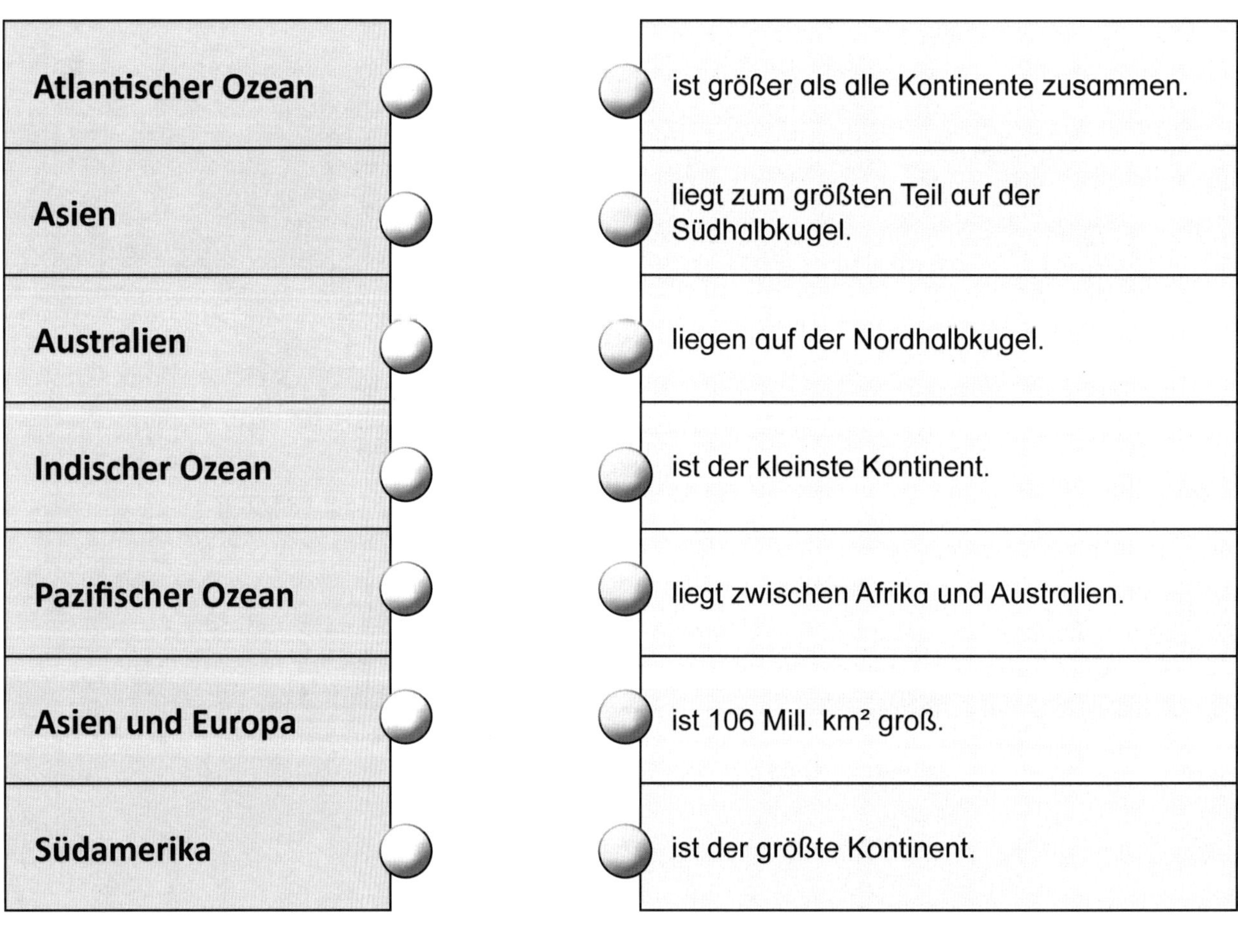

Atlantischer Ozean	ist größer als alle Kontinente zusammen.
Asien	liegt zum größten Teil auf der Südhalbkugel.
Australien	liegen auf der Nordhalbkugel.
Indischer Ozean	ist der kleinste Kontinent.
Pazifischer Ozean	liegt zwischen Afrika und Australien.
Asien und Europa	ist 106 Mill. km² groß.
Südamerika	ist der größte Kontinent.

3 Verteilung von Land und Wasser

Aufgabe 3: *Zeichne ein Säulendiagramm aller Kontinente und ordne sie nach der Größe an.*

- Die Säulen sind 1 cm breit und je 10 Mio. km² = 1 cm hoch.
- Zwischen jeder Säule muss ein Abstand von 1 cm eingehalten werden.
- Die y-Achse und die x-Achse sowie die Säule für Asien sind schon vorhanden.

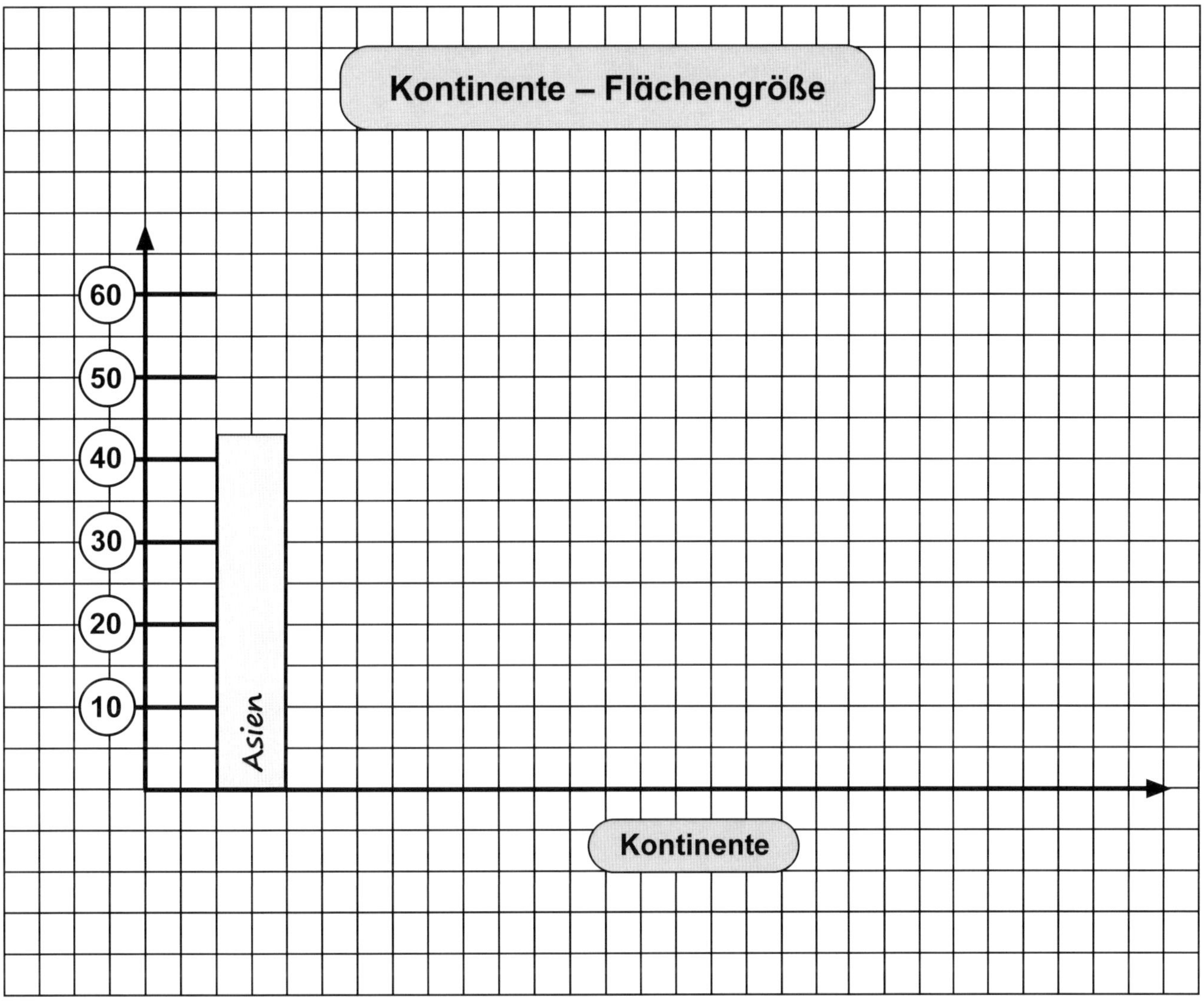

Kontinente – Flächengröße

60
50
40
30
20
10

Asien

Kontinente

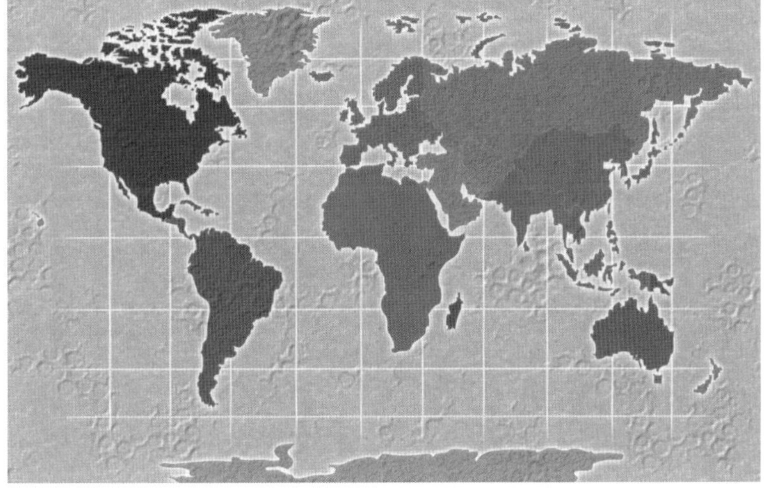

KOHL VERLAG
DIE ERDE – unser blauer Planet
Ein besonderer Planet in unserem Sonnensystem – Bestell-Nr. 12 298

4 Lage und Größe der Kontinente und Ozeane

Schon aus weiter Entfernung macht unser Planet Erde auf Raumfahrer einen einladenden Eindruck. Durch die mit weißen Wolken durchsetzte Atmosphäre sehen sie die Oberfläche der Erde und das überwiegende Blau; d. h. mehr als zwei Drittel sind mit Wasser bedeckt. Außerdem erkennen sie große Landmassen.

Man unterscheidet sieben Kontinente, dazwischen liegen die drei großen Ozeane. Die Kontinente und Ozeane sind auf der Erde ungleichmäßig verteilt bzw. angeordnet.

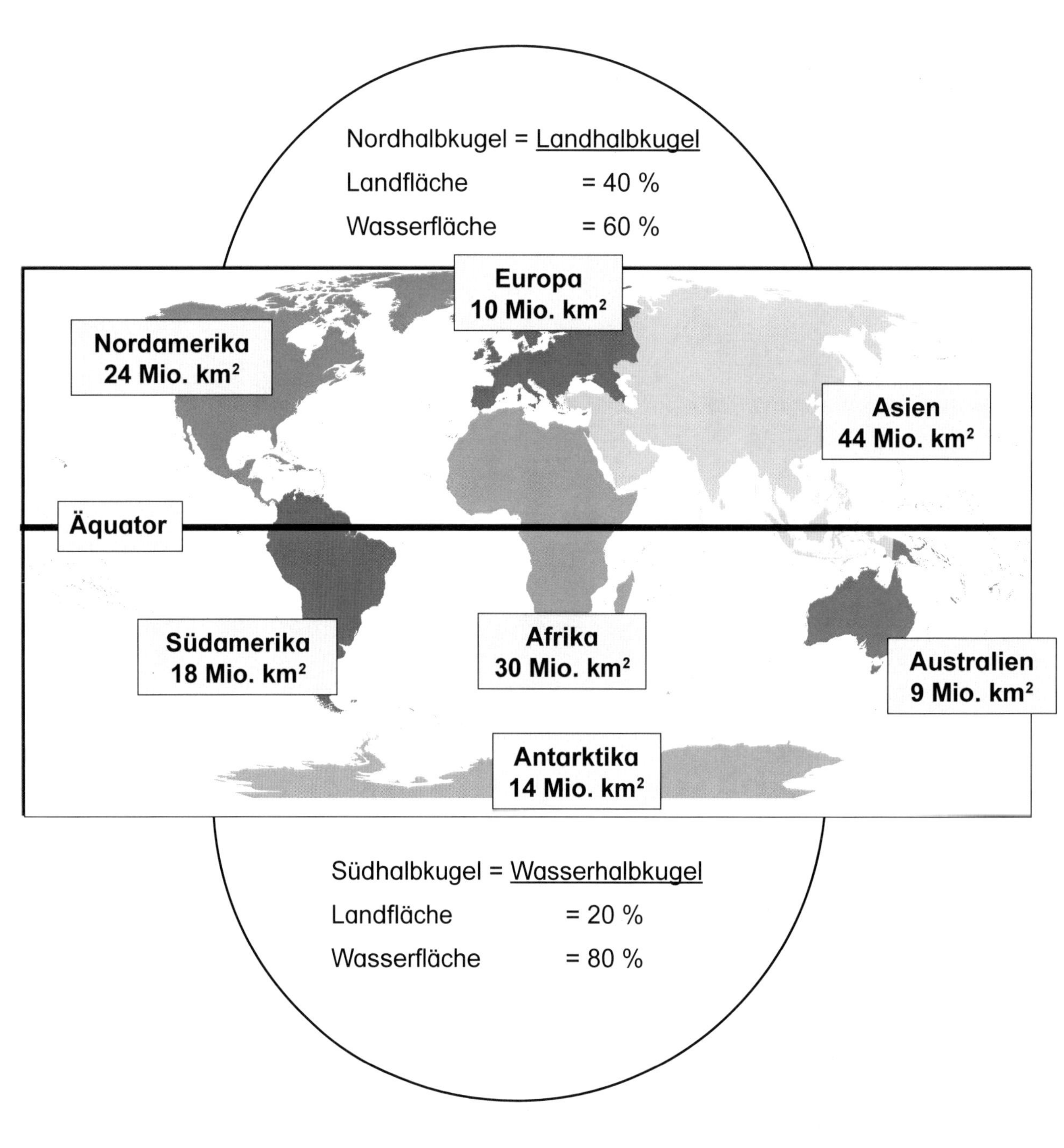

4 Lage und Größe der Kontinente und Ozeane

Pazifischer Ozean

Pazifik = 180 Mio. km²

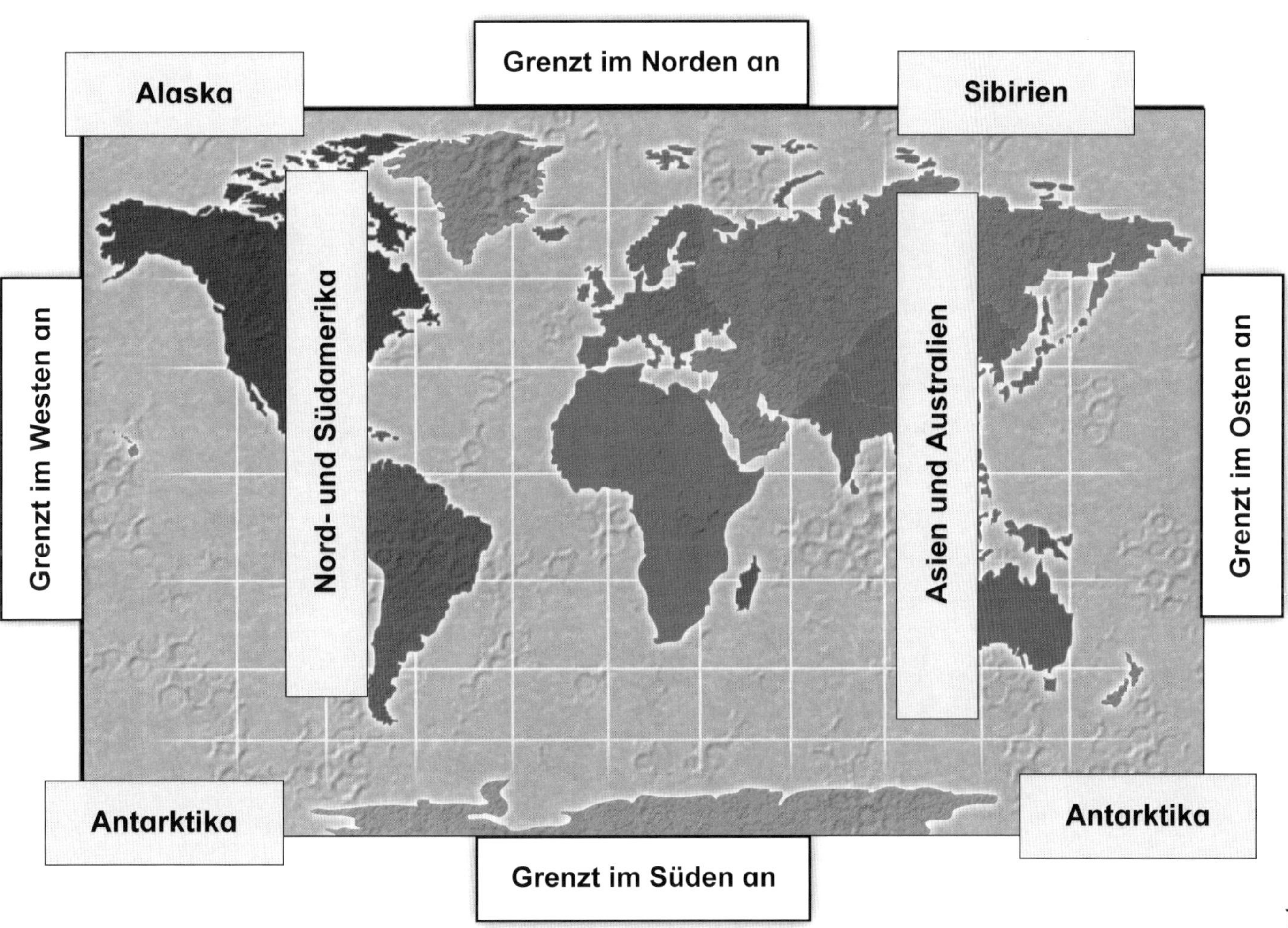

KOHL VERLAG DIE ERDE – unser blauer Planet Ein besonderer Planet in unserem Sonnensystem – Bestell-Nr. 12 298

4 Lage und Größe der Kontinente und Ozeane

Atlantischer Ozean

Atlantik = 106 Mio. km²

Grenzt im Norden an

Grönland

Grenzt im Westen an

Nord- und Südamerika

Europa und Afrika

Grenzt im Osten an

Antarktika

Grenzt im Süden an

4 Lage und Größe der Kontinente und Ozeane

Indischer Ozean

Indik = 75 Mio. km²

Grenzt im Norden an

Asien

Grenzt im Westen an

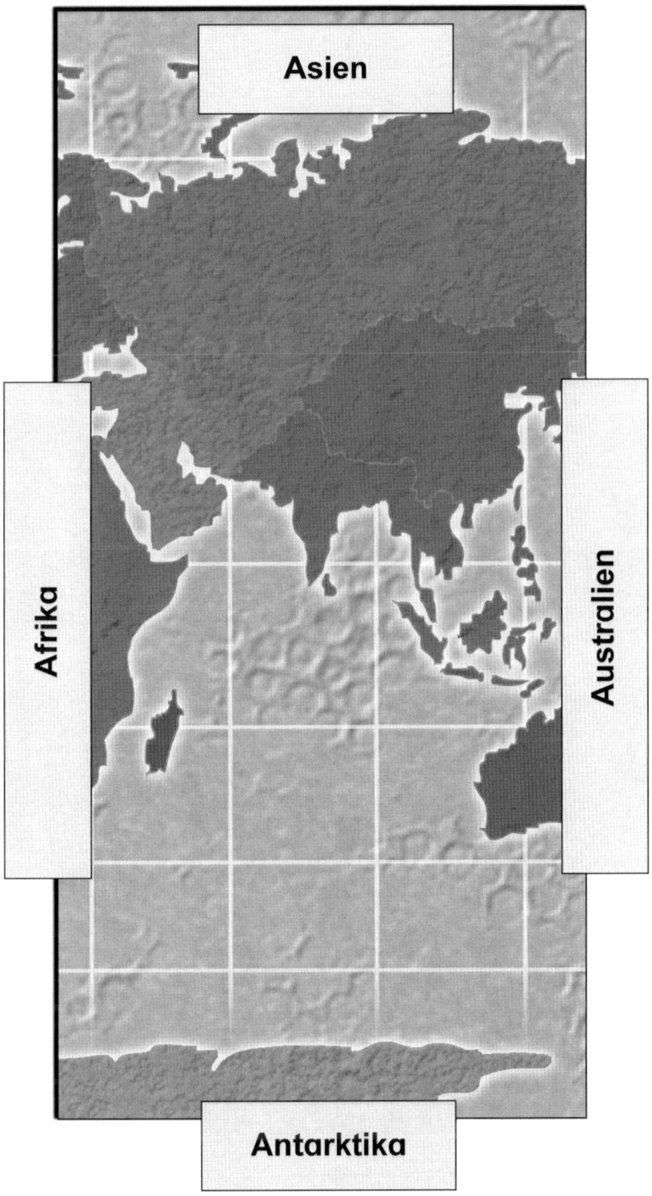

Afrika

Australien

Grenzt im Osten an

Antarktika

Grenzt im Süden an

KOHL VERLAG DIE ERDE – unser blauer Planet
Ein besonderer Planet in unserem Sonnensystem – Bestell-Nr. 12 298

4 Lage und Größe der Kontinente und Ozeane

Aufgabe 1: *Verbinde mit einer Linie (in Gedanken) jeweils Name, passendes Bild und Größe. Trage die fehlenden Buchstaben jeweils von links nach rechts in das Lösungswort ein.*

M	Afrika
E	Asien
A	Europa
W	Nordamerika
T	Südamerika
S	Antarktika
L	Australien

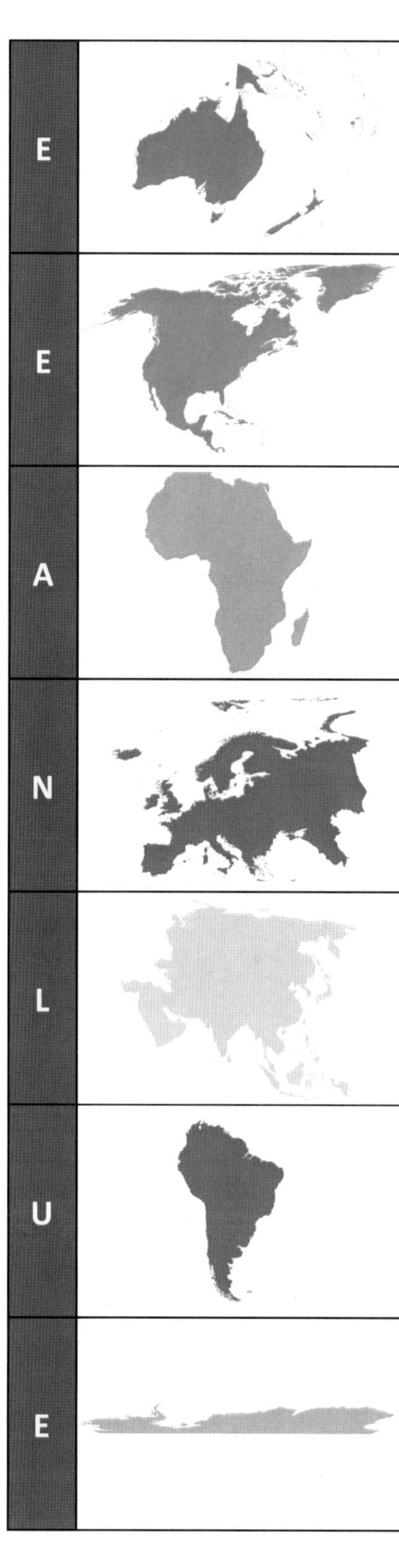

L	24 Mio. km^2
G	14 Mio. km^2
R	9 Mio. km^2
L	44 Mio. km^2
G	30 Mio. km^2
=	10 Mio. km^2
M	18 Mio. km^2

Lösungswort:

M			E			A		=

W			T			S			L		

DIE ERDE – unser blauer Planet
KOHL VERLAG

4 Lage und Größe der Kontinente und Ozeane

Aufgabe 2: *Prüfe die folgenden Aussagen. Kreuze an, ob sie richtig oder falsch sind.*

		Richtig	Falsch
a)	Australien liegt auf der nördlichen Halbkugel.		
b)	Europa und Asien gehören zu einer großen Festlandmasse.		
c)	Die Nordhalbkugel wird auch „Wasserhalbkugel“ genannt.		
d)	Europa ist der zweitkleinste Kontinent.		
e)	Südamerika liegt südlich von Afrika.		
f)	Der Indische Ozean liegt zwischen Europa und Nordamerika.		
g)	Afrika liegt östlich von Nord- und Südamerika.		
h)	Europa liegt nördlich von Afrika.		

Aufgabe 3: *Korrigiere die falschen Aussagen von Aufgabe 2.*

4 Lage und Größe der Kontinente und Ozeane

Aufgabe 4: **Puzzle Weltkarte**

Schneide die sieben Kontinente aus und ordne sie mit Hilfe einer Weltkarte (Atlas) in der richtigen Lage an. Der Äquator und Afrika sind schon vorhanden und helfen dir dabei.

Weltkarte Puzzle

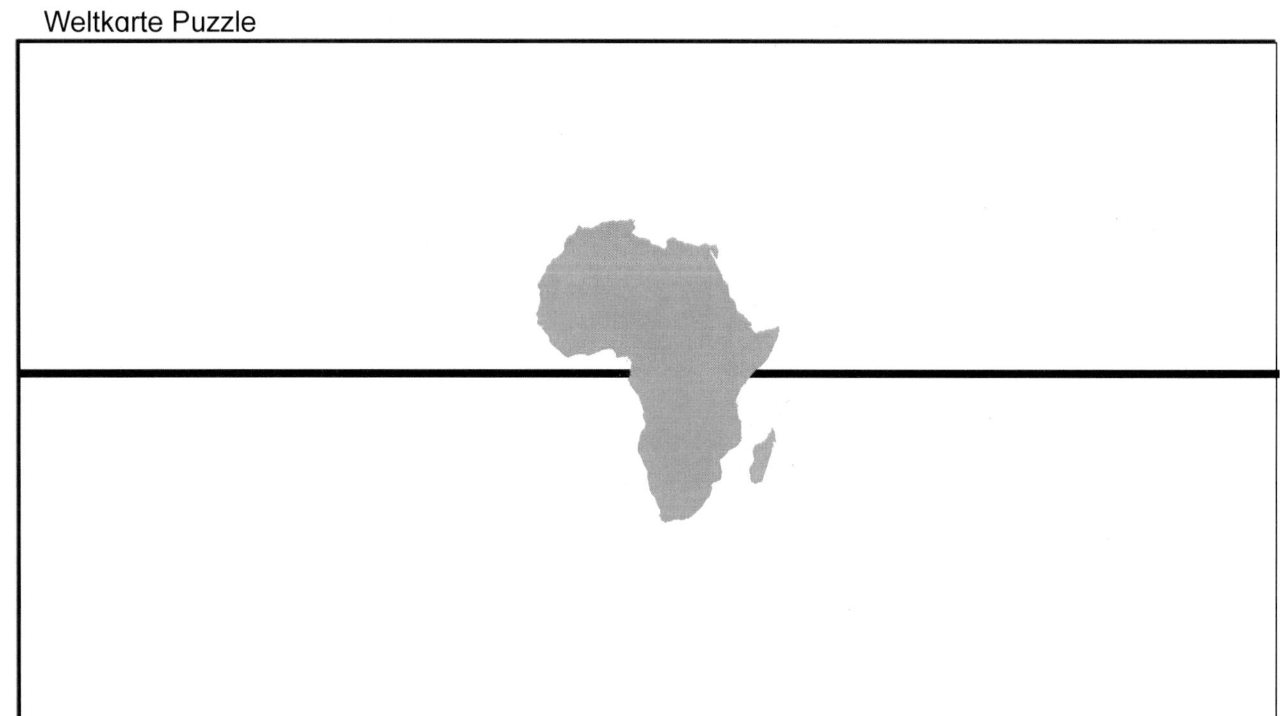

KOHL VERLAG
DIE ERDE – unser blauer Planet

5 Unser Sonnensystem

Unser Sonnensystem besteht aus der Sonne, den acht Planeten und deren Monden, den Zwergplaneten sowie Asteroiden und Kometen. Im Zentrum unseres Sonnensystems steht die Sonne, die von Planeten umkreist wird. Um einige der Planeten kreisen Monde. Auch unsere Erde hat einen Mond, der Plantet Jupiter sogar 69.
Die Anziehungskraft der Sonne hält die Erde fest - wie an einer fast 150 Mio. km langen Leine. Das ist der Abstand, mit dem die Erde die Sonne umkreist.
Die Gesamtheit aller genannten Objekte, die der Anziehungskraft der Sonne unterliegen, gehören zum Sonnensystem.

Früher glaubte man, dass die Erde der Mittelpunkt des Universums sei, heute weiß man, dass die Sonne der Mittelpunkt unseres Planetensystems ist.

"Nicht die Sonne zieht ihre schiefe Jahresbahn um die Erde, sondern die Erde schwingt mit schiefgestellter Achse um die Sonne. – Die Erde ist nur einer der um die Sonne kreisenden Planeten. – Die Erde bewegt sich um ihre Achse und täuscht somit den Himmelsumschwung nur vor." *Nikolaus Kopernikus (De Revolutionibus Orbium Coelestium)*[1]

- **Planeten** sind nichtleuchtende Himmelskörper, die eine Sonne umkreisen.
- **Monde** sind Himmelskörper, die einen Planeten umkreisen.

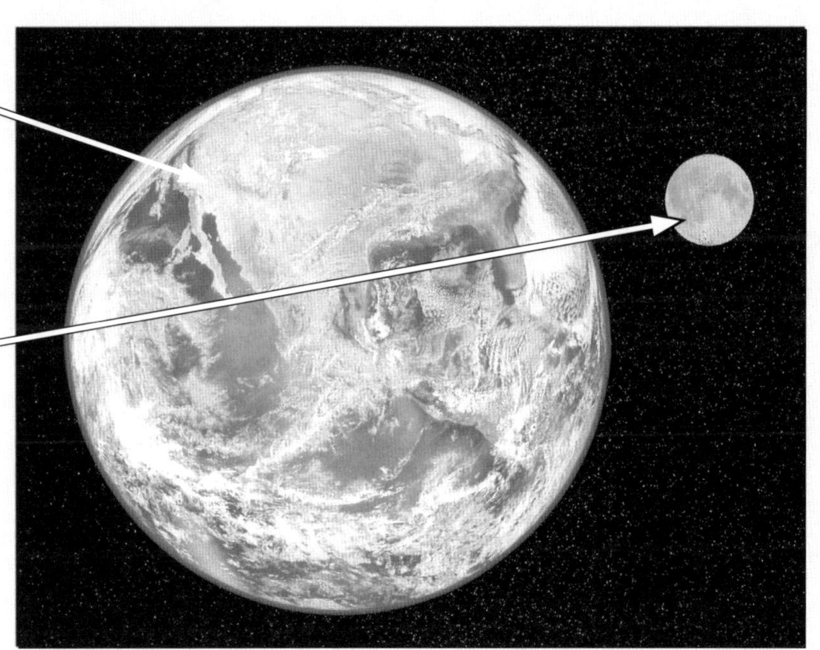

[1] *Nikolaus Kopernikus - 19.Februar 1473 - 24.Mai 1543*
Nikolaus Kopernikus war einer der bedeutendsten Astronomen der Geschichte und Mathematiker, der mit seinem Hauptwerk „De Revolutionibus Orbium Coelestium“ (1543) sein revolutionäres heliozentrisches Weltbild (in Abkehr vom geozentrischen) vorstellte und die Sonne im Zentrum unseres Planetensystems verortete.

KOHL VERLAG
DIE ERDE – unser blauer Planet – Bestell-Nr. 12 298
Ein besonderer Planet in unserem Sonnensystem

5 Unser Sonnensystem

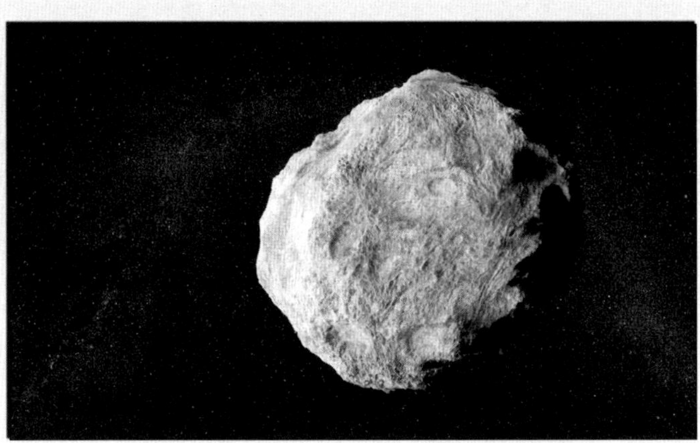

- **Asteroiden** sind kleine Planeten mit einem Durchmesser von wenigen Kilometern.

- **Kometen** sind Himmelskörper mit einem Durchmesser bis zu 100 km. Bei Annäherung an die Sonne wird ihr Kern stark erhitzt und bildet einen leuchtenden Schweif.

Mit dem Merksatz …

Mein	*Vater*	*erklärt*	*mir*	*jeden*	*Sonntag*	*unseren*	*Nachthimmel*
Merkur	**V**enus	**E**rde	**M**ars	**J**upiter	**S**aturn	**U**ranus	**N**eptun

… kann sich jeder schnell unsere acht Planeten gut merken.

Unsere Sonne ist ein Fixstern (fix = fest). Wenn man diese von der Erde aus betrachtet, haben sie eine unveränderte Position am Himmel. Sonnen sind Fixsterne, im Gegensatz zu den Planeten = Wandelsterne.
Die Sonne ist der einzige Stern in unserem Sonnensystem.
Die Sonne rotiert um ihre eigene Achse im gleichen Sinn, in dem sie auch von ihren Planeten umlaufen wird.

5 Unser Sonnnensystem

Zahlen über unsere Sonne

Durchmesser: 1.400.000 km

Durchschnittliche Temperatur:
5.500 Grad

Oberfläche: heißes Gas

Atmosphäre: keine

Umdrehung um sich selbst:
25 – 36 Erdentage

Alter: 4.57 Milliarden Jahre

Unser Sonnensystem ist nicht das einzige im Universum (= Weltall, Kosmos, Weltraum). Es gibt noch Millionen weiterer Sonnensysteme, deren Planeten sich wiederum um ihre Sonnen drehen. Die jeweilige Sonne dieser Sonnensysteme können wir als Fixsterne an unserem Nachthimmel beobachten.
Eines davon ist unser Sonnensystem, mit unserer Sonne als leuchtendem Stern im Zentrum.
Um die Sonne kreisen 8 Planeten – sie heißen mit zunehmendem Abstand von der Sonne:

– **innere Planeten**: Merkur – Venus – Erde (mit einem Erdtrabanten = Mond) – Mars
– **äußere Planeten**: Jupiter – Saturn – Uranus – Neptun

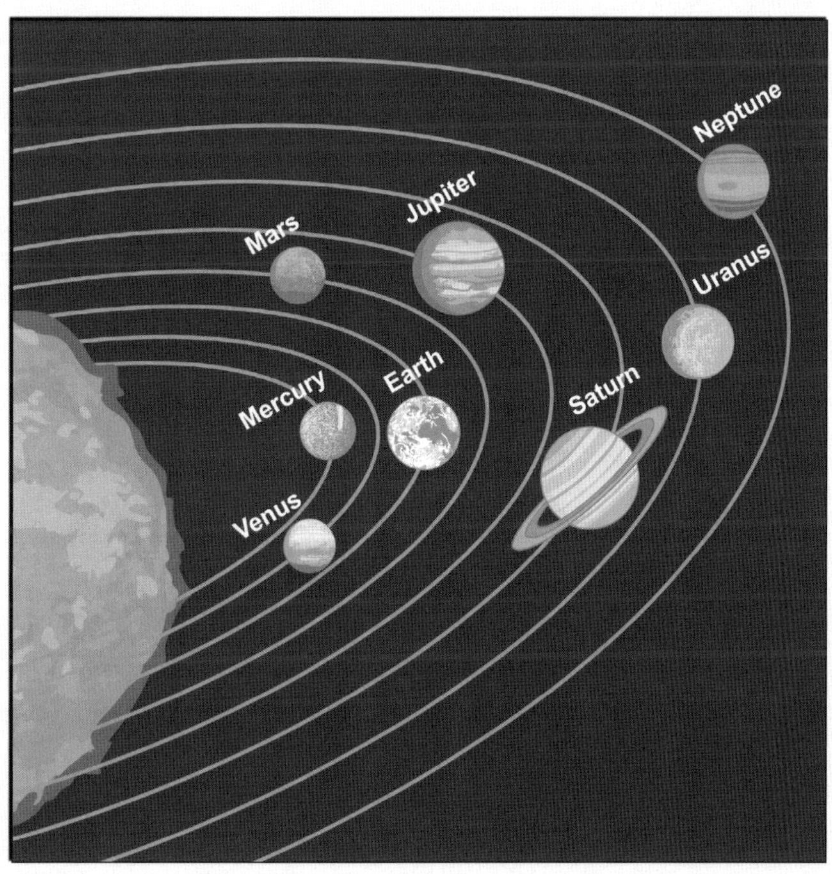

KOHL VERLAG
DIE ERDE – unser blauer Planet
Ein besonderer Planet in unserem Sonnensystem – Bestell-Nr. 12 298

5 Unser Sonnensystem

Um eine Vorstellung von den Größen im Sonnensystem zu bekommen, muss man sich das in etwa so vorstellen.[2]

Sonne: ein großer Gymnastikball (Ø 1 m)
Erde: eine Kirsche
Mond: eine kleine Erbse

Weitere Beispiele zur Veranschaulichung:

Einmal um die Sonne reisen:

– mit einem Auto, das 120 km/h fährt = 4 Jahre und 2 Monate
– mit einem Passagierflugzeug (ca. 900 km/h) = ca. 7 Monate

Einmal um die Erde reisen:

– mit einem Auto, das 120 km/h fährt = ca. 14 Tage
– mit einem Passagierflugzeug (ca. 900 km/h) = ca. 2 Tage

Wichtige Hinweise: Acht statt neun Planeten!

Pluto ist jetzt ein Zwergplanet. Pluto war bis 2006 der 9. Planet in unserem Sonnensystem. 2006 wurde ihm der Planetenstatus aberkannt.

Donnerstag, 24.08.2006 – Spiegel online
Pluto ist kein Planet mehr

Die International Astronomical Union hat Pluto überraschend den Planetenstatus aberkannt.
Das Schicksal von Pluto stand am heutigen Donnerstag auf der Tagesordnung des Astronomie-Kongresses in Prag. Und die Abstimmung unter den 2500 Wissenschaftlern ging nicht gut aus für den Himmelskörper: Pluto gilt nicht mehr als Planet.
Nach der heutigen Abstimmung gibt es acht klassische Planeten (Merkur, Venus, Erde, Mars, Jupiter, Saturn, Uranus und Neptun), Zwergplaneten und Kleinkörper. Pluto zählt damit ab sofort zu den Zwergplaneten. Unter den Kleinkörpern werden Asteroiden, Kometen und andere Objekte zusammengefasst, die keine Monde sind und die Sonne umkreisen.

Tipp: Als Planeten gelten künftig alle Himmelskörper, die auf einer nahezu kreisförmigen Bahn die Sonne umlaufen und ausreichend Masse haben, damit die eigene Schwerkraft sie zu annähernd kugelförmiger Gestalt (hydrostatisches Gleichgewicht) zusammenzieht.

2 *www.Astronomie.de*

5 Unser Sonnnensystem

Planeten in der Übersicht[3]

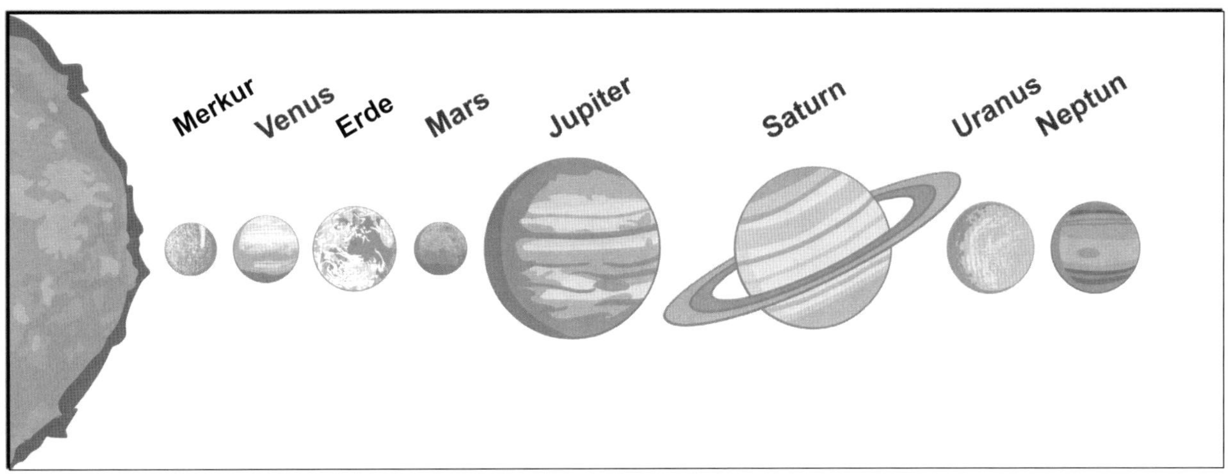

Name	Größe – Ø Durchmesser	Anzahl der Monde	Umlaufzeit um die Sonne	Umdrehung – Rotation – um sich selbst
Merkur	**4.879 km**	**0**	**88 Erdentage**	**58,6 Erdentage**
Auf dem kleinsten Planeten **Merkur** herrschen die größten Temperaturunterschiede zwischen Tag und Nacht = über 500 °C. Er ist der „schnellste" Planet, der um die Sonne kreist.				
Venus	**12.104 km**	**0**	**225 Erdentage**	**243 Erdentage**
Bedingt durch die dichte Atmosphäre aus Kohlendioxid steigen die Temperaturen auf der **Venus** am Tag über 460 °C. Venus ist unser hellster Planet. Die Venus hat ihren Namen von der römischen Göttin der Liebe und Schönheit.				
Erde	**12.756 km**	**1**	**365 Erdentage**	**23 Std. und 56 Min.**
Die **Erde** ist der einzige Planet, auf dem es Leben gibt. Die Erde ist zum größten Teil mit Wasser bedeckt, daher wird die Erde auch „blauer Planet" genannt.				
Mars	**6.794 km**	**2**	**687 Erdentage**	**1 Tag und 37 Min.**
Im Durchmesser ist der **Mars** halb so groß wie die Erde und wiegt ca. ein Zehntel des Gewichtes der Erde. Der 27 km hohe Mons Olympus ist der höchste Berg im Sonnensystem, die mehr als acht Kilometer tiefen Valles Marineris sind das größte Grabensystem. Der Mars hat seinen Namen vom römischen Kriegsgott.				

[3] *Die Zahlen und Fakten wurden nach dem derzeitigen Stand ermittelt.*

DIE ERDE – unser blauer Planet
Ein besonderer Planet in unserem Sonnensystem – Bestell-Nr. 12 298

5 Unser Sonnensystem

Name	Größe – Ø Durchmesser	Anzahl der Monde	Umlaufzeit um die Sonne	Umdrehung – Rotation – um sich selbst
Jupiter	**142.984 km**	**79**	**11,9 Erdenjahre**	**9 Std. und 55 Min.**
Der größte Planet **Jupiter** hat die kürzesten Tage (9,8 Std.). Er ist im Durchmesser 11mal so groß wie die Erde. Außerdem hat Jupiter wahrscheinlich die meisten Monde und mit Ganymed den größten.				
Saturn	**120.536 km**	**62**	**29,5 Erdenjahre**	**10 Std. und 39 Min.**
Der **Saturn** besitzt ein einzigartiges Ringsystem und ist der zweitgrößte Planet unseres Sonnensystems. Einige der Saturnmonde bestehen ganz aus gefrorenem Wasser. Blitze auf dem Saturn sind eine Million Mal stärker als auf der Erde.				
Uranus	**51.118 km**	**27**	**83,8 Erdenjahre**	**17 Std. und 14 Min.**
Den Namen hat der **Uranus** von einem alten griechischen Gott. Er ist 20mal weiter weg von der Sonne als die Erde. Ausgefallenste Jahreszeiten – weil Uranus Nordpol auf die Sonne zeigt, bleibt es dort im Sommer rund 40 Jahre lang hell.				
Neptun	**49.528 km**	**14**	**164,8 Erdenjahre**	**16 Std. und 6 Min.**
Der **Neptun** ist nach dem römischen Gott des Wassers benannt. Kein Planet ist sonnenferner, deshalb ist er auch der kälteste Planet unseres Sonnensystems. Über Neptun fegen die stärksten Stürme mit Böen von über 2.000 km pro Stunde.				

5 Unser Sonnnensystem

Aufgabe 1: *Benenne die Planeten von innen nach außen.*

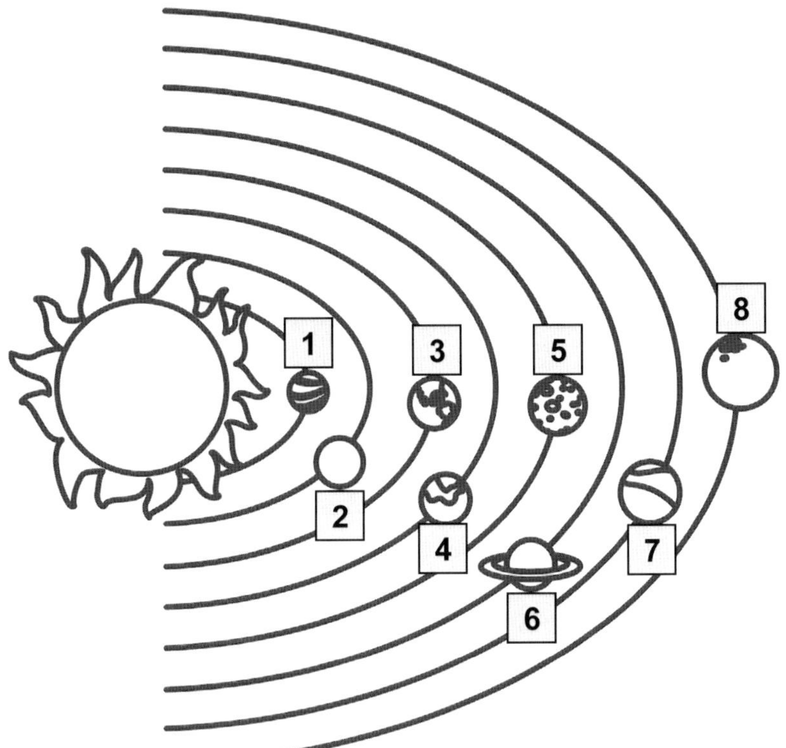

1	
2	
3	
4	
5	
6	
7	
8	

Aufgabe 2: *Überprüfe dein Wissen.*

a) Mit welchem Merksatz kann man sich unsere acht Planeten gut merken?

____

b) Was versteht man unter einem Planeten?

____

c) Erkläre den Unterschied zwischen einem Planeten und einem Mond.

____

d) Nenne den größten und den kleinsten Planeten.

____

e) Welcher Planet ist der kälteste von allen?

____

f) Aus was besteht die Sonne?

____

g) Erkläre die Begriffe Fixsterne und Wandelsterne.

____

5 Unser Sonnensystem

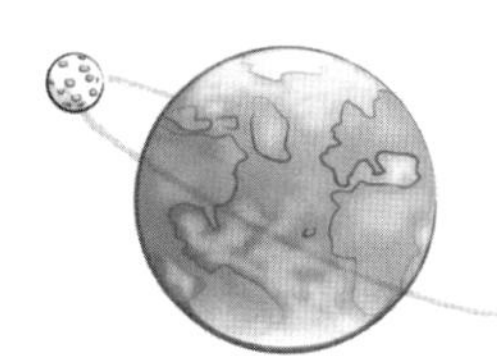

Aufgabe 3: *Ergänze die Sätze sinnvoll.*

a) Zu unserem Sonnensystem gehören ________ / ________ / ________ / ________ / ________ .

b) Der Mittelpunkt unseres Sonnensystems ist die ________ .

c) Ergänze die folgenden Aussagen:

- Die Sonne ist ein ________ im Weltall.
- Die Erde ist ein ________ der Sonne
- Der Mond ist ein ________ der Erde.

d) Diese vier Planeten stehen der Sonne am nächsten (von innen nach außen):

________ / ________ / ________ / ________ .

e) Was ist der Unterschied zwischen Planeten und Monden?

Planeten ________________________ .

Monde ________________________ .

f) Welche Planeten in unserem Sonnensystem besitzen Monde?

________ / ________ / ________ / ________ / ________ / ________

g) Welche Bedeutung hat die Sonne für das Leben auf der Erde?

____ .

h) Welcher Planet ist am nächsten, welcher am weitesten von der Sonne entfernt?

am nächsten: ________ / am weitesten: ________ .

i) Welchem Planeten wurde 2006 der Planetenstatus aberkannt? Begründe!

____

____

____

____

5 Unser Sonnnensystem

Aufgabe 4: *Du siehst einen Ausschnitt unseres Sonnensystems. Setze die richtigen Begriffe ein.*

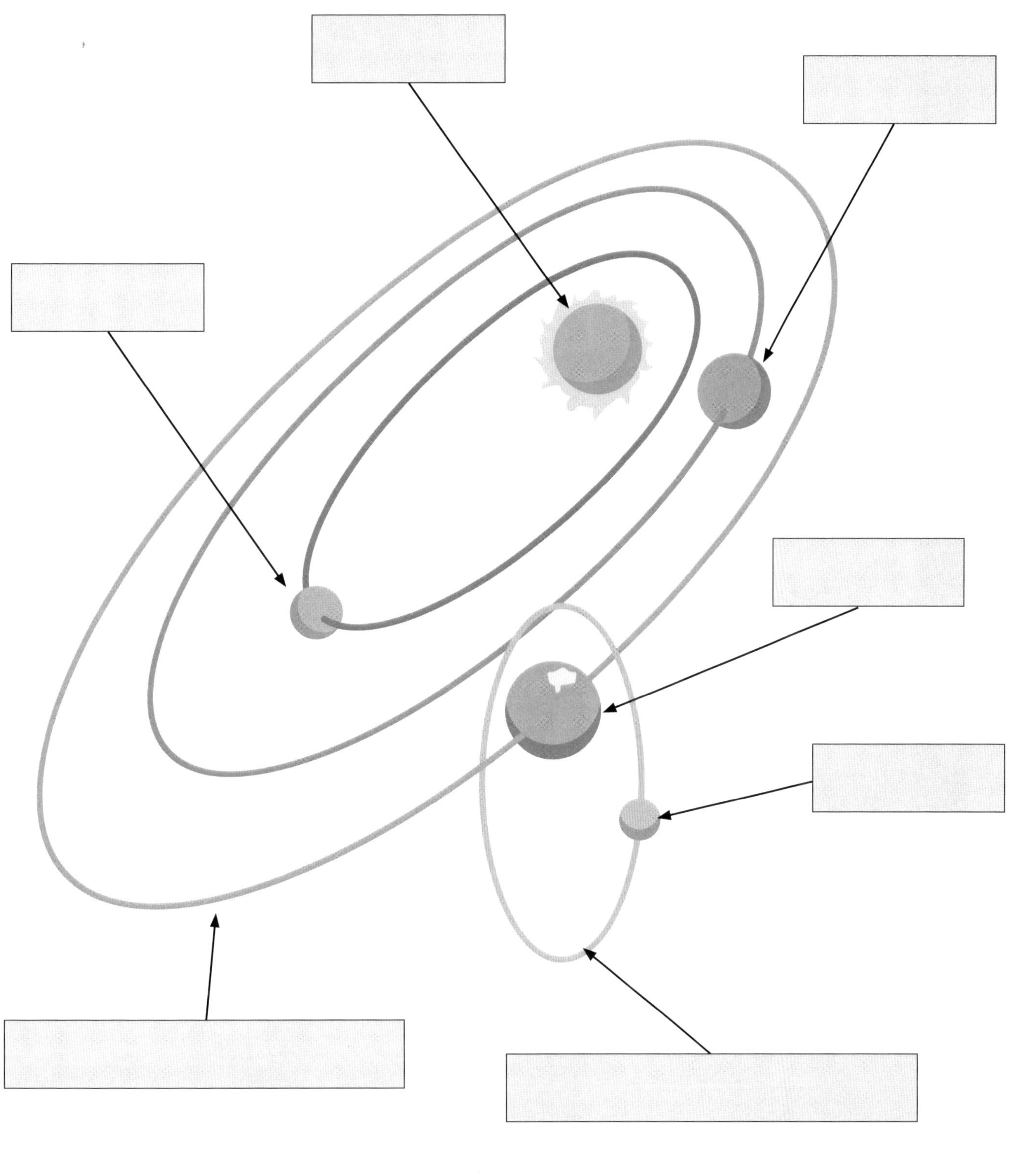

KOHL VERLAG DIE ERDE – unser blauer Planet
Ein besonderer Planet in unserem Sonnensystem – Bestell-Nr. 12 298

5 Unser Sonnensystem

Aufgabe 5: *Verbinde mit einer Linie (in Gedanken) jeweils Bild, passenden Namen und Text. Trage die fehlenden Buchstaben jeweils von links nach rechts in das Lösungswort ein.*

Bild		Name		Text	
W		R	Erde	S	… ist halb so groß wie die Erde und wiegt ein Zehntel der Erde.
T		M	Mars	T	… ist fast 11mal so groß wie die Erde und hat wahrscheinlich die meisten Monde.
U		I	Venus	L	… besitzt ein einzigartiges Ringsystem.
T		O	Uranus	R	… ist der „schnellste“ Planet, der um die Sonne kreist.
I		A	Neptun	M	… hat ihren Namen von der römischen Göttin der Liebe und Schönheit.
*		E	Saturn	T	… ist der kälteste Planet unseres Sonnensystems.
*		I	Jupiter	A	… ist zum größten Teil mit Wasser bedeckt.
B		O	Merkur	N	… ist zwanzigmal weiter weg von der Sonne als die Erde.

Lösungswort:

W			T			U			T			I		
*			*			B								

KOHL VERLAG Lernen mit Erfolg
DIE ERDE – unser blauer Planet

6 Die Erde, der 3. Planet im Sonnensystem

Die Erde ist ein nichtleuchtender Himmelskörper, der die Sonne umkreist. Planeten, die eine Sonne umkreisen, nennt man auch „Wandelsterne“.

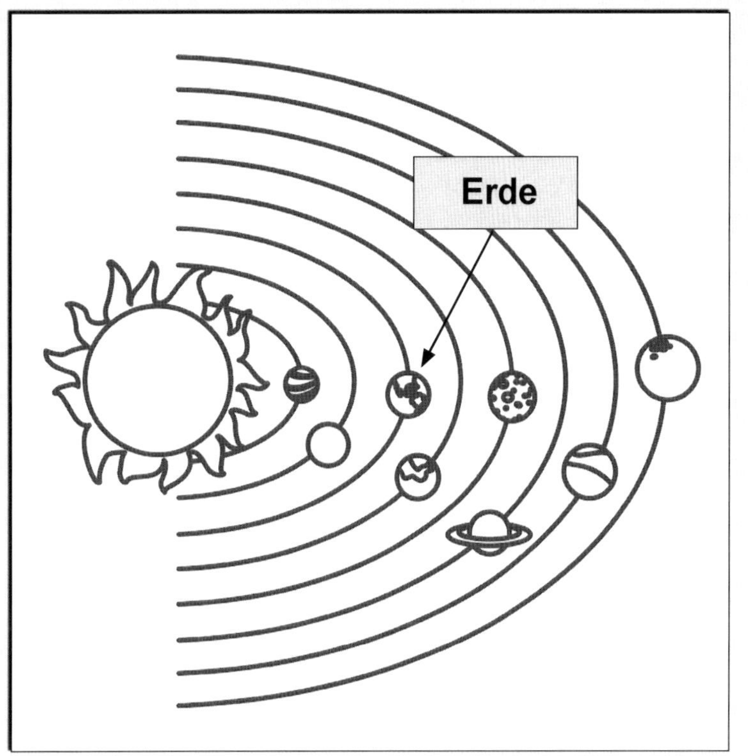

Die Erde ist einer der acht Planeten unseres Sonnensystems – von der Sonne aus gesehen ist es der dritte Planet.

Die Erde umkreist in einer ellipsenförmigen Bahn die Sonne – die Revolution[1]. Für einen Umlauf benötigt sie 365 Tage (1 Jahr), dadurch entstehen die Jahreszeiten Frühling, Sommer, Herbst und Winter.

Die Erde ist ein ganz besonderer Planet im Sonnensystem. Nach heutigem Wissensstand ist die Erde der einzige Planet, der die Voraussetzungen dafür bietet, auf ihm leben zu können. Es ist auf der Erde nicht zu heiß und nicht zu kalt. Wasser bleibt flüssig, dadurch kann es regnen - Pflanzen, Tiere und Menschen können das Wasser nutzen.

Als einziger Planet hat sie …

... einen idealen Abstand zur Sonne (150 Mio. km) für Wärme und Licht;

... eine Lufthülle (Atmosphäre[2]) gibt uns Luft zum Atmen und schützt uns vor der schädlichen UV- und Röntgen-Strahlung der Sonne, lässt aber gleichzeitig das lebenswichtige Sonnenlicht zur Erdoberfläche durch. **Kein anderer Planet unseres Sonnensystems hat eine solche schützende Hülle.**

... eine Wasserhülle (Hydrosphäre) umfasst alle Weltmeere, alle Binnenseen, Flüsse, den Bereich des Grundwassers usw.

---

1 *Revolution = Umrundung der Sonne durch einen Planenten, z.B. Umrundung der Sonne durch unsere Erde in 365 Tagen.*

2 *Atmosphäre = Lufthülle der Erde – reicht bis in eine Höhe von mehr als 1000 km, untergliedert sich in Troposphäre (bis 17 km), Stratosphäre (bis 50 km), Thermosphäre (bis 500 km), Exosphäre (über 500 km).*

6 Die Erde – der dritte Planet im Sonnensystem

Hinweise: Die Erdatmosphäre beinhaltet ausreichend Sauerstoff, um atmen zu können. Außerdem sorgt der Planet Erde mit seinen großen Wassermengen dafür, dass Leben auf ihm möglich ist – 70 % der Erdoberfläche sind mit Wasser bedeckt.

Die Erde hat nahezu die Gestalt einer Kugel, ist aber an den Polen etwas abgeplattet (Geoid).[3]
An der Küste kann man mit einem Fernglas gut beobachten, dass die Erde eine Kugel ist. Ein Schiff versinkt am Horizont, je weiter es sich von der Küste entfernt. Die Masten oder den Schornstein sieht man am längsten.

Eine weitere Besonderheit des blauen Planeten Erde ist sein natürlicher Trabant – der Mond. Der Mond war schon Ende der 1950er Jahre das erste Ziel von Raumsonden und ist der einzige fremde Himmelskörper, der jemals von Menschen erreicht wurde.

- Erste Landung auf dem Mond am 21. Juli 1969.[4]
- Der Mond ist ca. 384.000 km von der Erde entfernt.
- Der Mond hat einen Durchmesser von ca. 3.500 km und besteht vorwiegend aus Gestein.
- Der Mond umkreist die Erde in 29,5 Tagen.

Das System Erde-Mond bewegt sich um die Sonne, der Mond dreht sich um die Erde, wobei Erde und Mond sich um die eigenen Achsen drehen.

In einem Jahr umkreist die Erde einmal die Sonne und der Mond 12mal die Erde.

Der Mond bewegt sich mit einer Umlaufzeit von 29,5 Tagen ellipsenförmig um die Erde.

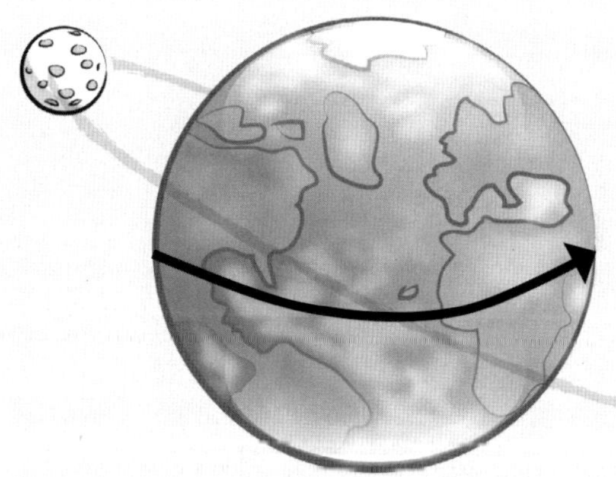

[3] *Der Fachbegriff für die Form des Erdkörpers, der wegen seiner Rotation keine Kugel ist, sondern am Äquator dicker und an den Polen abgeflacht.*

[4] *Am 21.Juli 1969 um 3:56 Uhr MEZ betraten im Zuge der Mission Apollo 11 die ersten Menschen den Mond, Neil Armstrong und Buzz Aldrin.*

6 Die Erde – der dritte Planet im Sonnensystem

Der Mond rotiert langsam um seine Achse – eine Umrundung der Erde macht er in der gleichen Zeit, deshalb sehen wir in etwa immer die gleiche Seite des Mondes.
Hinweis: Zur Erkundung der Rückseite des Mondes sind/wären Satelliten erforderlich.

„Steckbrief Erde" – wichtige Zahlen/Fakten in der Übersicht

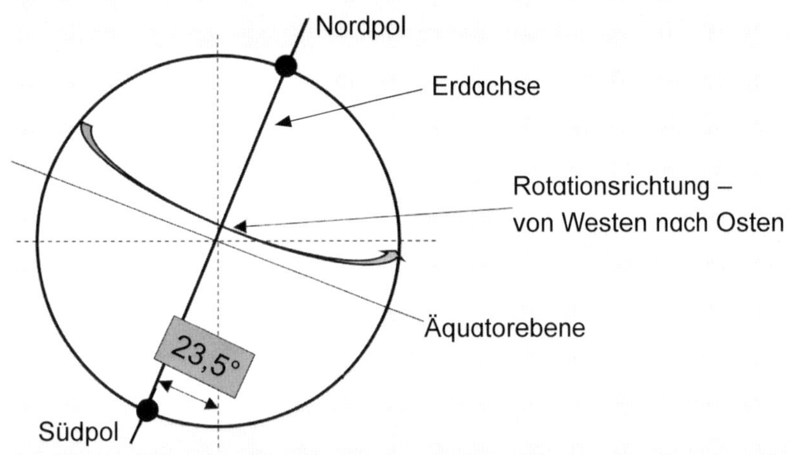

Erde	Zahlen/Fakten
Planet-Nummerierung	Dritter Planet im Sonnensystem
Entfernung zur Sonne	150.000.000 km
Alter	ca. 4,6 Milliarden Jahre
Umlaufzeit um die Sonne	365,2 Tage
Gestalt	Kugel, ist aber an den Polen etwas abgeplattet
Achsenneigung	23,5°
Erdrotation	Die Erde dreht sich in 24 Std. einmal um die eigene Achse
Geschwindigkeit	40.000 km am Tag = ca. 1.665 km pro Stunde
Rotationsrichtung	Rechtsläufig – von Westen nach Osten
Anzahl der Monde	1
Nachbarplaneten	Venus und Mars
Planetentyp	Gesteinsplanet
Temperatur im Kern	wahrscheinlich ca. 6000 °C
Atmosphäre	Stickstoff (78%), Sauerstoff (21%)
Gesamtfläche	510 Mio. km²
Wasserfläche	361 Mio. km²
Landfläche	149 Mio. km²
Umfang am Äquator	40.076 km
Umfang über die Pole	40.009 km
Durchmesser	12.742 km
Radius am Äquator	6.378 km
Radius an den Polen	6.357 km
Aufbau der Erde	Erdkern = innerer Teil – er beginnt ab 2900 km und reicht bis zum Erdmittelpunkt in 6370 km. Erdmantel = zwischen Erdkruste und Erdkern gelegene Schale des Erdkörpers Erdkruste = Sie ist die äußerste feste Schale des Erdkörpers, es ist die Schicht, auf der wir leben.

KOHL VERLAG DIE ERDE – unser blauer Planet
Ein besonderer Planet in unserem Sonnensystem – Bestell-Nr. 12 298

6 Die Erde – der dritte Planet im Sonnensystem

Aufgabe 1: *Überprüfe dein Wissen.*

a) Wie lange braucht die Erde, um die Sonne zu umkreisen?

____

b) Wie nennt man die Drehung der Erde um sich selbst?

____

c) Wie nennt man ihre Drehung um die Sonne?

____

d) In welche Richtung dreht sich die Erde um sich selbst?

____

e) Die Erde ist ein Geoid – was heißt das?

____

f) Wie heißt die Lufthülle der Erde, und warum ist sie so wichtig für uns?

____

g) Nenne die Nachbarplaneten der Erde.

____

h) Nenne den Erdumfang am Äquator.

____

i) Welche Form hat die Erde?

____

6 Die Erde – der dritte Planet im Sonnensystem

Aufgabe 2: *Beschrifte die Grafiken von Erde und Mond.*
Setze jeweils die folgenden Begriffe in das richtige Kästchen.

Erdachse / Südpol / Nordpol / 23,5° / Äquatorebene / Rotationsrichtung – von Westen nach Osten

a)

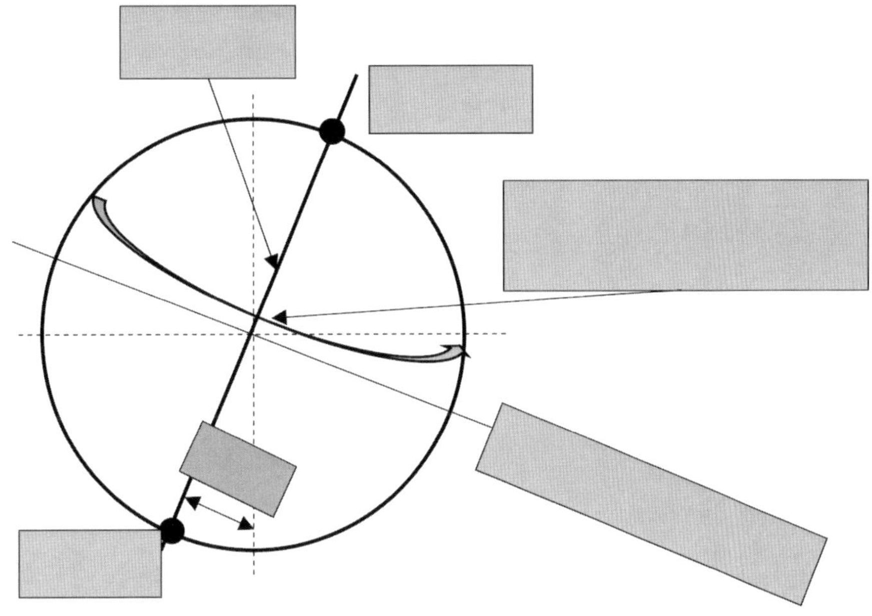

b)

Mond / Erde / Umlaufbahn des Mondes

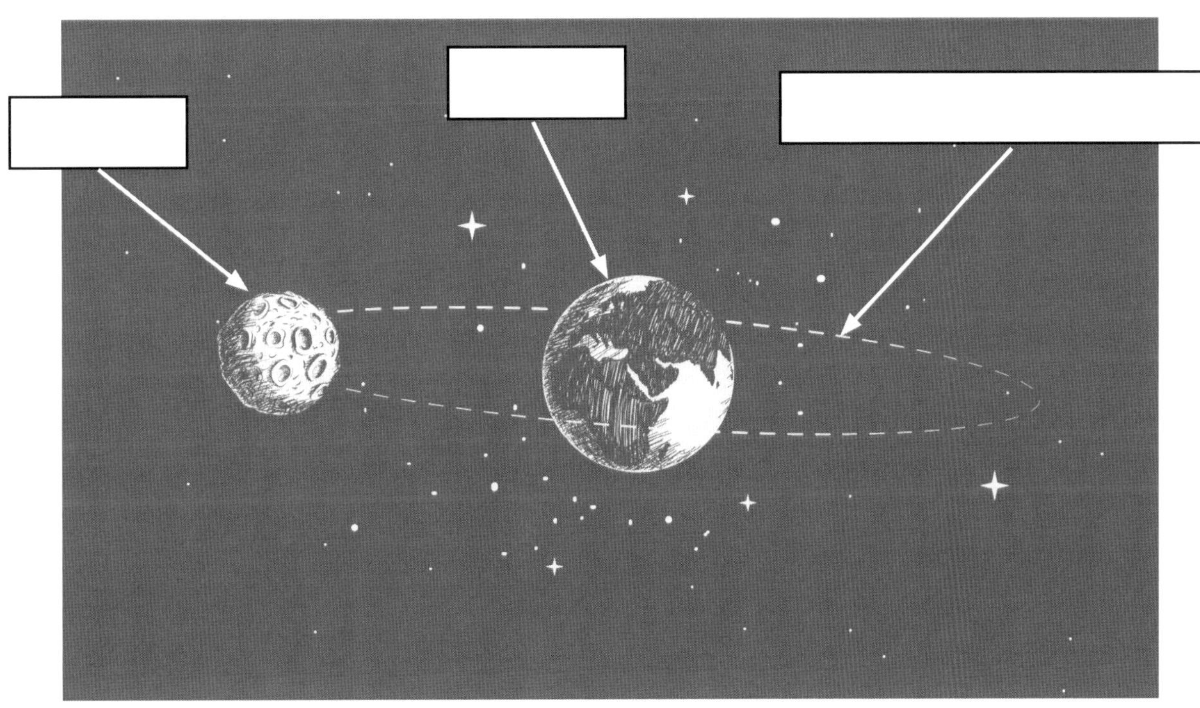

6 Die Erde – der dritte Planet im Sonnensystem

Aufgabe 3: *Verbinde mit einer Linie jeweils Begriff und passenden Wert. Trage die fehlenden Buchstaben jeweils von links nach rechts in das Lösungswort ein.*

Begriff			Wert
Landfläche der Erde	E	N	1
Umfang am Äquator	N	G	Kugel, an den Polen abgeplattet
Umlaufzeit um die Sonne	*	E	40.076 km
Achsenneigung	E	I	149 Mio. km²
Anzahl der Monde	O	B	365,2 Tage
Nachbarplaneten	D	E	361 Mio. km²
Wasserfläche	R	K	510 Mio. km²
Gesamtfläche	*	E	Venus und Mars
Gestalt / Form	U	L	dreht sich in 24 Std. einmal um die eigene Achse
Erdrotation	E	S	23,5°

Lösungswort:

E		N		*

	E		O		D		R	

*		U		E	

7 Rotation und Revolution

Die Entstehung von Tag und Nacht ist eine leicht nachvollziehbare Folge der Erdrotation.[1] Die Erde dreht sich in einem festen Rhythmus um ihre Achse. Eine Umdrehung der Erde dauert 23 Stunden und 56 Minuten, d.h. die Erde dreht sich im Laufe von 24 Stunden einmal um die eigene Achse. Daraus resultiert der ständige Wechsel zwischen Tag und Nacht.

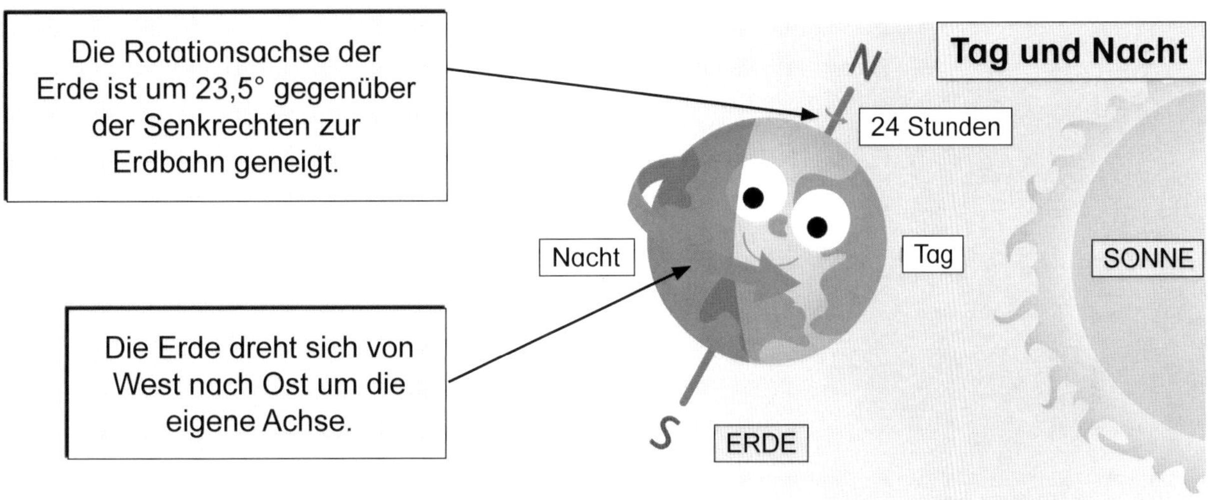

7.1 Tag und Nacht

Die Sonne scheint immer nur auf eine Hälfte der Erde. Auf dieser Seite ist es Tag und auf der anderen Seite ist es Nacht.

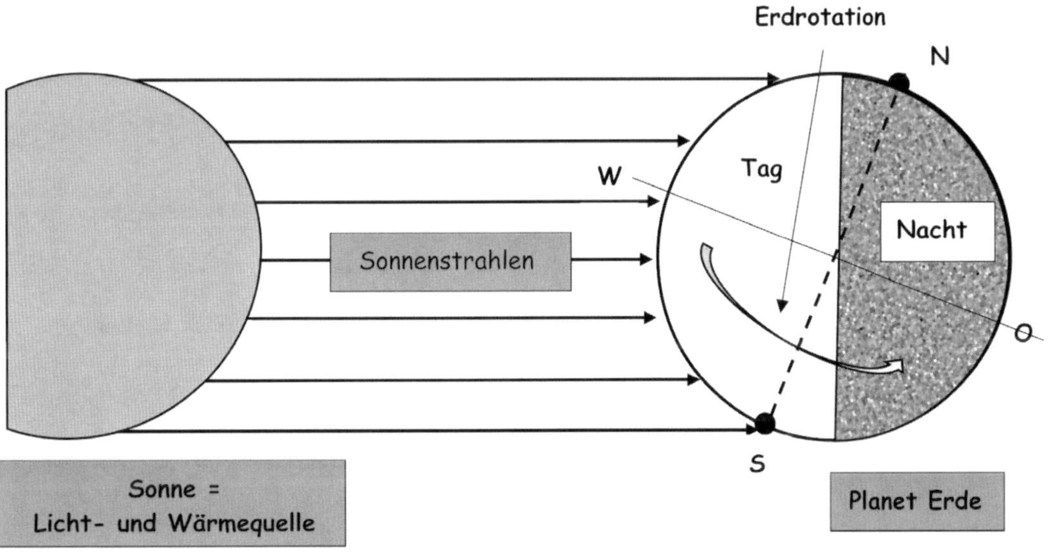

[1] *Rotation = Drehung eines Himmelskörpers um die eigene Achse, z.B. die volle Erdumdrehung in ca. 24 Stunden*

DIE ERDE – unser blauer Planet
Ein besonderer Planet in unserem Sonnensystem – Bestell-Nr. 12 298
KOHL VERLAG

7 Rotation und Revolution

Zum besseren Verständnis – hier noch einmal in der Übersicht:

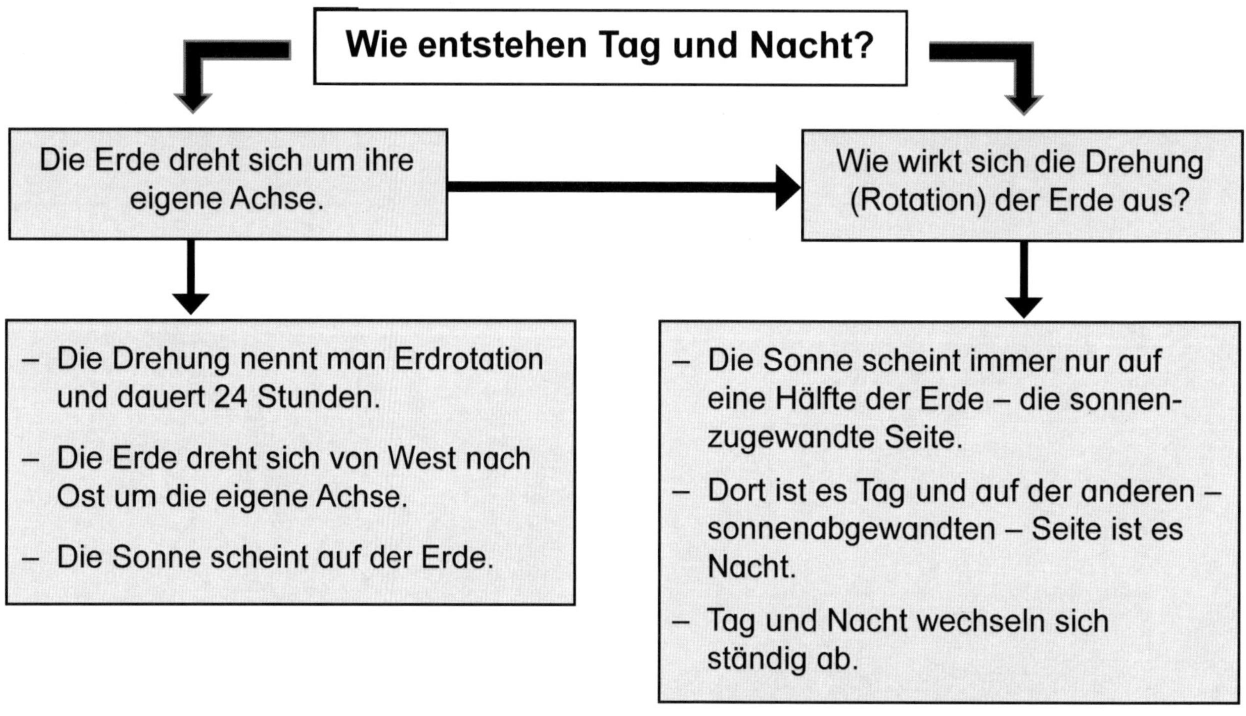

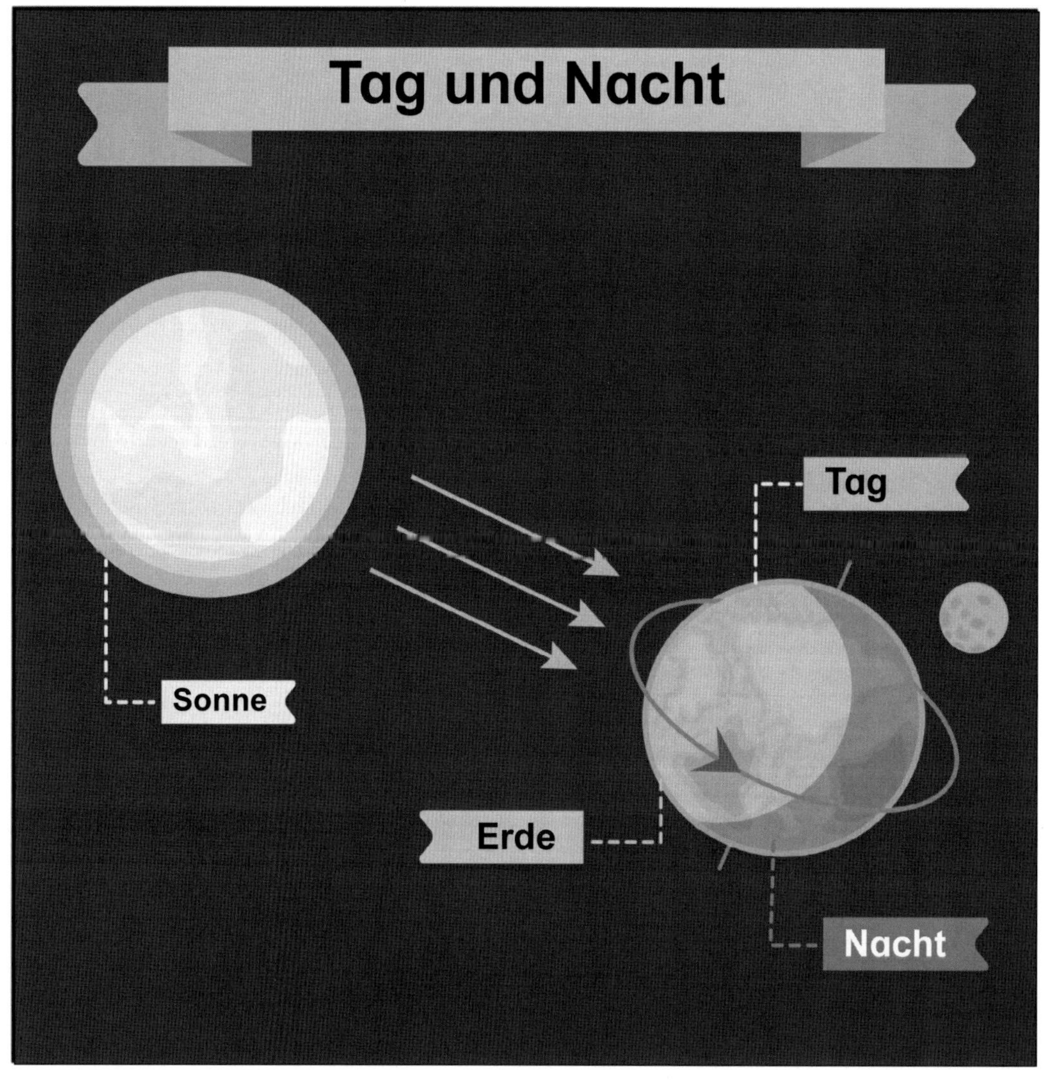

7.2 Jahreszeiten

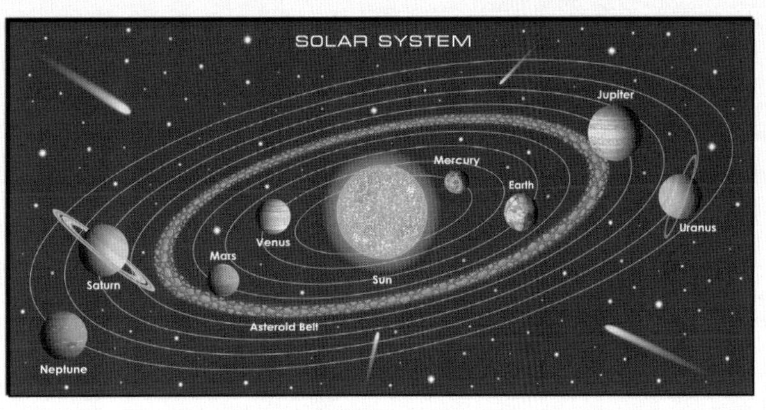

Innerhalb eines Jahres bewegt sich die Erde auf einer elliptischen Umlaufbahn einmal um die Sonne – das sogenannte Keplersche Gesetz.[2] Diese Bewegung wird auch Erdrevolution genannt.
Durch die wechselnden Stellungen (= Winkel) der Erde zur Sonne (Beachte die Neigung der Erdrotationsachse!), die im Verlauf eines Jahres entstehen, verändern sich die Lichtverhältnisse. Somit entstehen die Jahreszeiten Frühling, Sommer, Herbst und Winter. Ein weit verbreiteter Irrtum: Die Jahreszeiten entstehen nicht durch unterschiedliche Abstände zwischen Erde und Sonne.

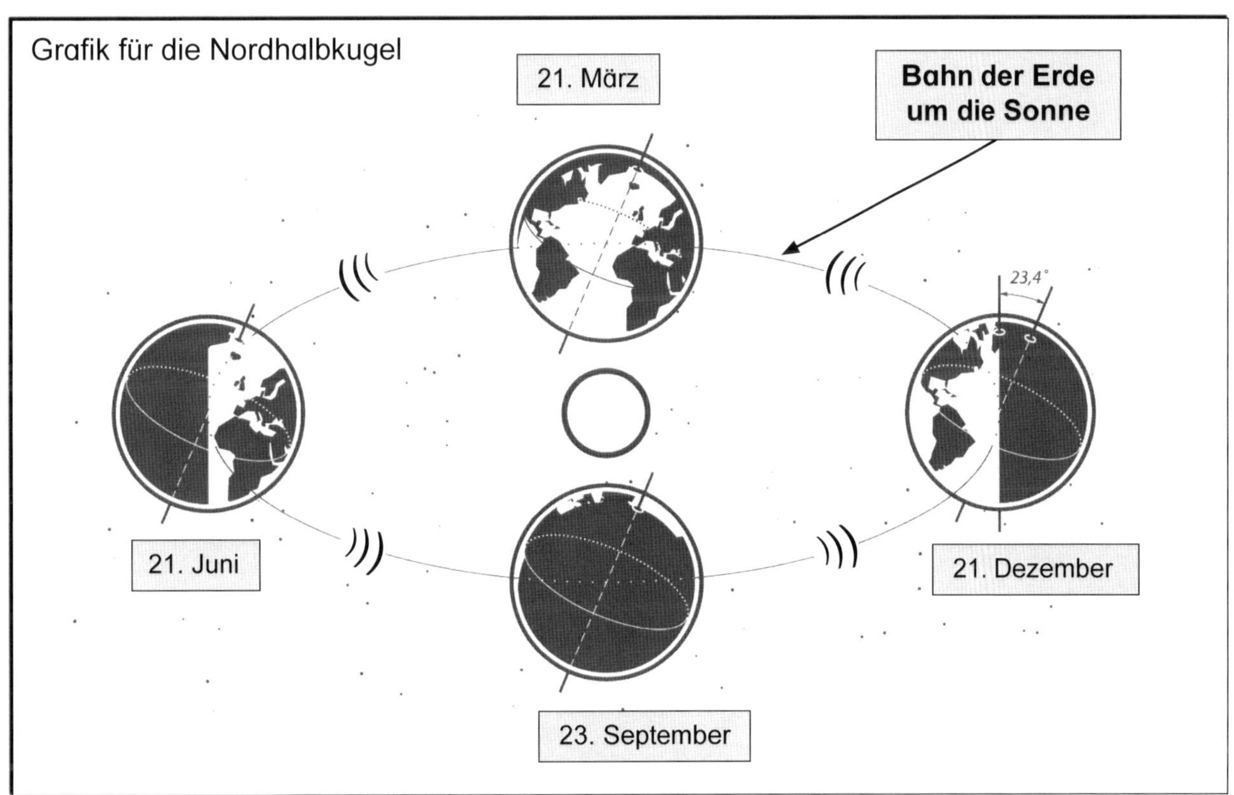

	21. März	21. Juni	23. September	21. Dezember
Nordhalbkugel	Frühlingsanfang	Sommeranfang	Herbstanfang	Winteranfang
Südhalbkugel	Herbstanfang	Winteranfang	Frühlingsanfang	Sommeranfang

[2] *Der Astronom JOHANNES KEPLER (1571-1630) entdeckte die grundlegenden Gesetze der Planetenbewegung. Seine Erkenntnisse sind zusammengefasst in den nach ihm benannten drei keplerschen Gesetzen. 1. Keplersche Gesetz: Die Planeten bewegen sich auf elliptischen Bahnen. In einem gemeinsamen Brennpunkt steht die Sonne.*

7 Rotation und Revolution

Zum besseren Verständnis – hier noch einmal in der Übersicht:

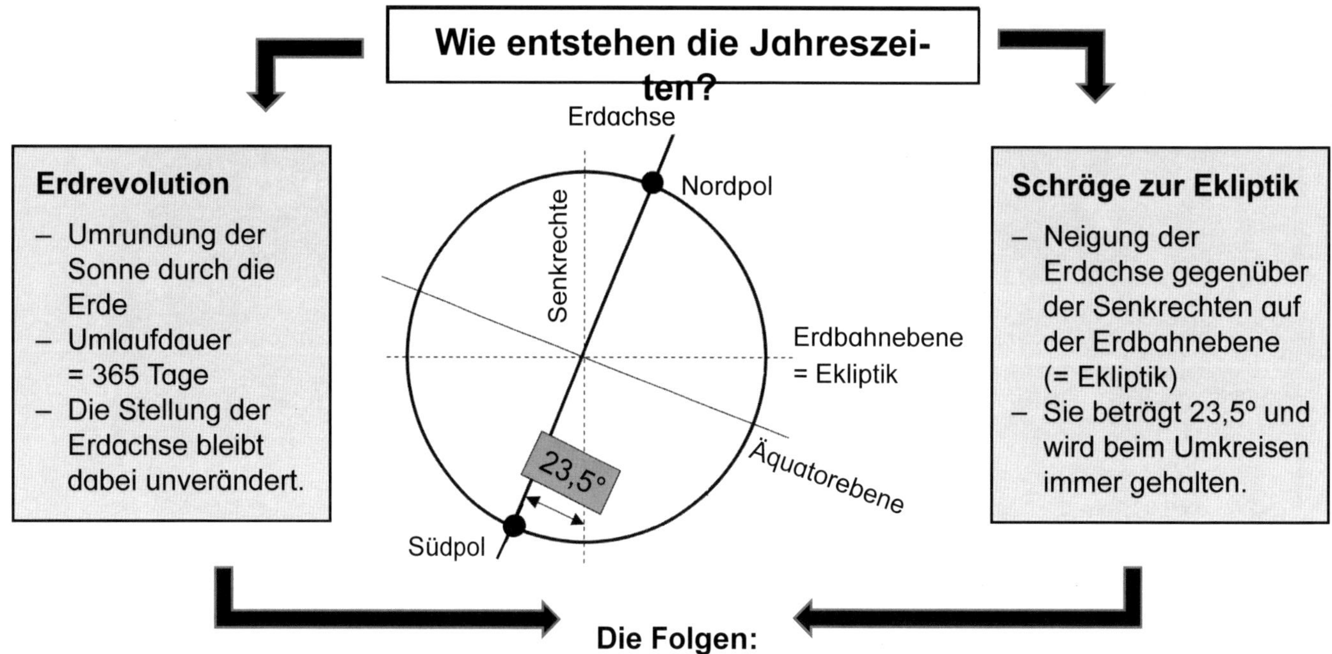

Am 21. Juni erhält die Nordhalbkugel mehr Licht und Wärme der Sonne. Das bedeutet Sommer auf der Nordhalbkugel. Am 21. Dezember erhält die Südhalbkugel mehr Licht und Wärme. Das bedeutet Sommer auf der Südhalbkugel.

Jahreszeiten auf der Nordhalbkugel der Erde/Erdbahn um die Sonne in einem Jahr:

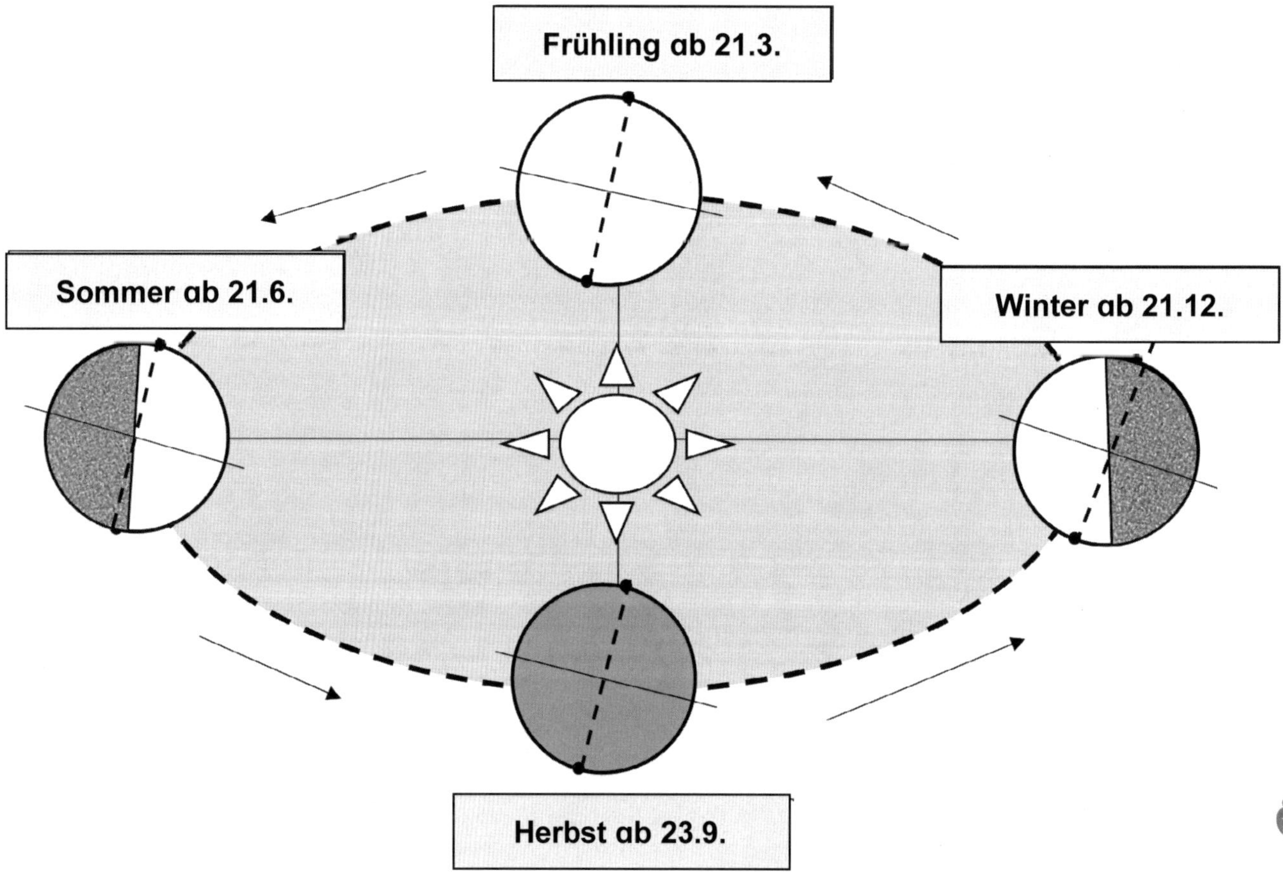

Frühling ab 21.3.

Sommer ab 21.6.

Winter ab 21.12.

Herbst ab 23.9.

DIE ERDE – unser blauer Planet
KOHL VERLAG

7 Rotation und Revolution

Aufgabe 1: *Überprüfe dein Wissen.*

a) Wie nennt man die Drehung der Erde um sich selbst?

____

b) In welche Richtung dreht sich die Erde um die eigene Achse?

____

c) In wieviel Stunden dreht sich die Erde einmal um die eigene Achse?

____

d) Was versteht man unter der Erdachse?

____

e) Erläutere die Erdrotation und den damit entstehenden Effekt.

____

f) Erläutere mit eigenen Worten/Sätzen die Entstehung von Tag und Nacht.

____

g) Auf welcher Seite der Erde ist Tag und auf welcher Seite ist Nacht?

____

h) Wie bewegt sich die Erde (auf zweierlei Arten)?

____

Aufgabe 2: *Ergänze die Sätze sinnvoll durch folgende Begriffe.*

Sonne / 24 Std. / Tag und Nacht / kugelähnliche / Nord- und Südpol

- Die Erde hat eine ____________________ Gestalt.
- Die Erdachse verbindet ________________ und hat eine Schrägstellung.
- Die Erde dreht sich in ________________ einmal um ihre eigene Achse.
  Dadurch entstehen ________________.
- Die ____________________ ist die entscheidende Kraft- und Energiequelle für die Erde.

DIE ERDE – unser blauer Planet
Ein besonderer Planet in unserem Sonnensystem – Bestell-Nr. 12 298
KOHL VERLAG

7 Rotation und Revolution

Aufgabe 3: *Setze folgende Begriffe richtig in die Grafik ein.*

Sonnenstrahlen / Planet Erde / Tag / Erdrotation / Nacht / W / O / S / N / Sonne = Licht- und Wärmequelle

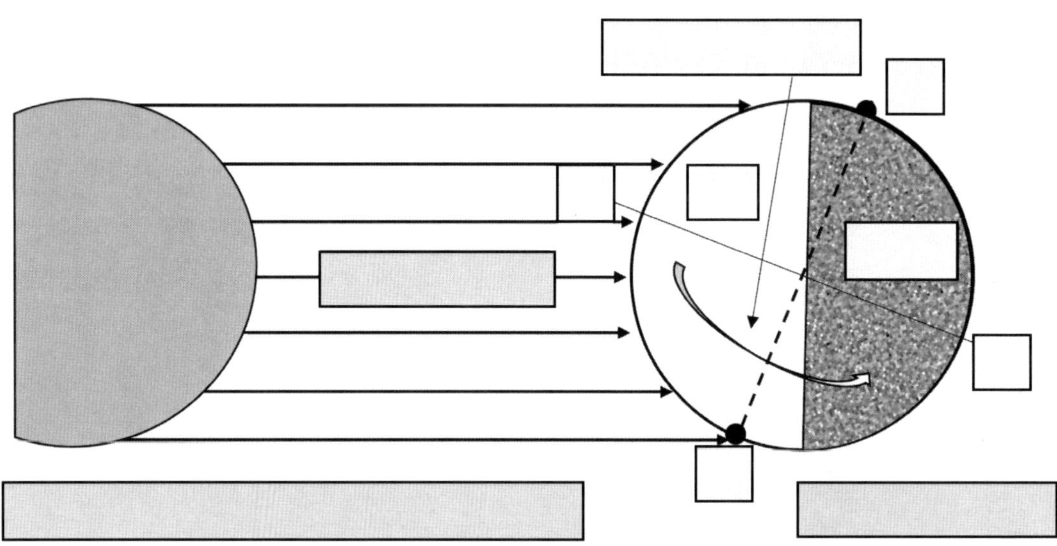

Aufgabe 4: *Trage in die Felder die richtige Jahreszeit und den Beginn dieser Jahreszeit ein. Markiere mit Pfeilen die Richtung der Umlaufbahn.*

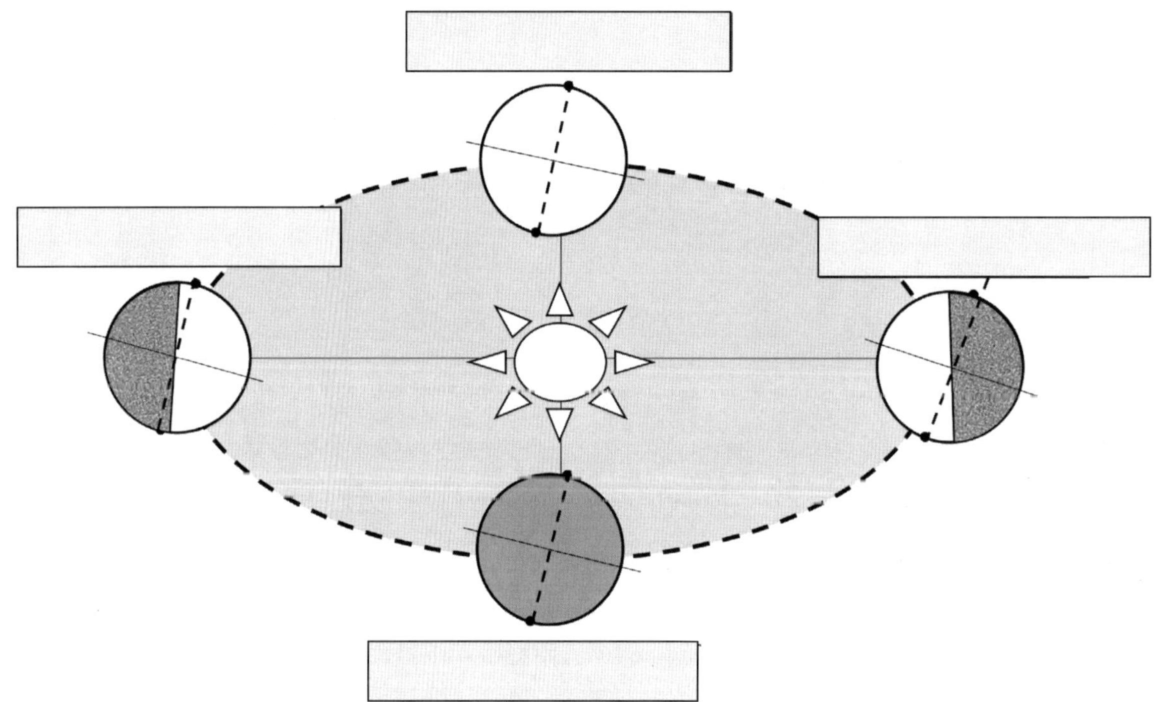

Aufgabe 5: *Ergänze die Tabelle mit den entsprechenden Begriffen und Daten.*

Datum		**21. Juni**		**21. Dezember**
Nordhalbkugel	Frühlingsanfang			
Südhalbkugel			Frühlingsanfang	

DIE ERDE – unser blauer Planet
KOHL VERLAG

8 Lösungen

1 Methodisch-didaktische Hinweise und Vorwissen

Aufgabe 1:

Äquator	Der längste Breitenkreis der Erde. Wenn man um die Mitte unseres Planeten eine Linie zeichnet, dann hat man den Äquator. Er unterteilt die Erde in die Nord- und Südhalbkugel.
Atmosphäre	Lufthülle der Erde – sie schützt uns vor der schädlichen UV- und Röntgenstrahlung der Sonne, lässt aber das lebensnotwendige Sonnenlicht zur Erde durch.
Erdachse	Damit bezeichnet man **eine gedachte Linie, die von Pol zu Pol durch die Erde verläuft** und um die sich die Erde selbst dreht (Rotationsachse der Erde)
Erdrevolution	Drehung der Erde um die Sonne (Erdbahn) – 365 Tage
Erdrotation	Damit meint man die Drehung der Erde; die Erde dreht sich in 24 Std. einmal um sich selbst. Durch diese Drehung entstehen Tag und Nacht. Die Erde dreht sich von Westen nach Osten um sich selbst.
Erdumfang	Am Äquator beträgt der Erdumfang 40.000 km.
Fixsterne	Fixsterne sind Sonnen – sie erhielten diesen Namen wegen ihrer unveränderten Position am Himmel (fix = fest)
Globus	Ist eine verkleinerte Darstellung der Erdkugel.
Jahreszeiten	Durch die Neigung der Erdachse entstehen Klima- und Vegetationszonen sowie Jahreszeiten.
Komet	Himmelskörper mit einem Durchmesser bis zu 100 km. Bei Annäherung an die Sonne wird der Kern erhitzt und bildet einen leuchtenden Schweif.
Kontinente	Die Landfläche der Erde setzt sich aus 7 Kontinenten zusammen: Nordamerika, Südamerika, Europa, Afrika, Asien, Australien/Ozeanien, Antarktika
Mond	Der Mond ist der einzige Satellit der Erde, man bezeichnet ihn deshalb auch als Erdenmond. Er umkreist die Erde in ca. 29,5 Tagen. Sein Durchmesser beträgt 3476 km.
Nordpol	Der nördlichste Punkt der Erde.
Ozeane	Die Wasserfläche der Erde setzt sich aus 3 Ozeanen (und Nebenmeeren) zusammen: Pazifischer Ozean, Atlantischer Ozean, Indischer Ozean.
Planet	Himmelskörper, der nicht selbst leuchtet und eine Sonne umkreist. (Die Erde ist ein Planet, der unsere Sonne umkreist.) Wegen ihrer Bewegung werden sie auch Wandelsterne genannt. Oben und unten hat jeder Planet seine Pole.
Sonnensystem	Gesamtsystem einer Sonne mit den dazugehörigen Planeten und Monden, die sich alle um die Sonne als Zentralgestirn bewegen.
Südpol	Der südlichste Punkt der Erde.
Tag und Nacht	Entstehen durch die Drehung der Erde einmal um die eigene Achse in 24 Stunden.
Trabant	Ist ein Himmelskörper, der um einen Planeten kreist.

Aufgabe 2:

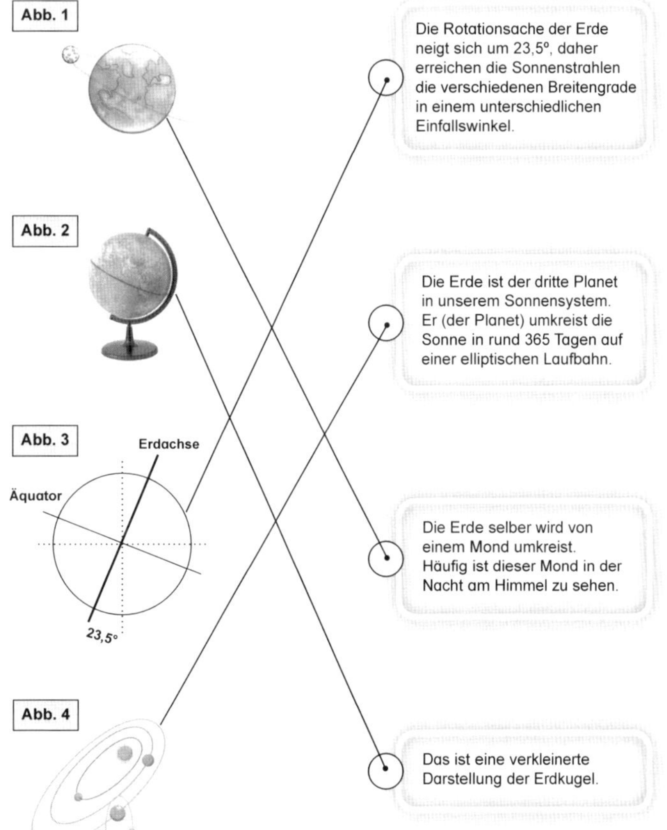

8 Lösungen

2 Die Erde – der blaue Planet

Aufgabe 1:

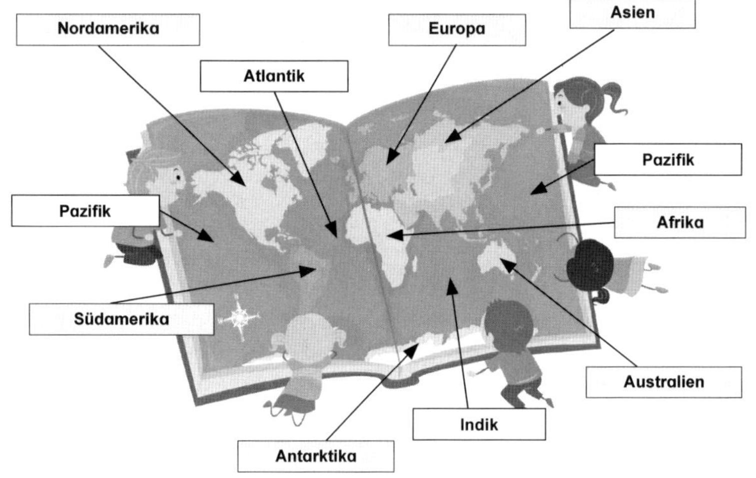

Aufgabe 2: Nordhalbkugel: Nordamerika – Europa – Asien / Südhalbkugel: Australien – Antarktika

Aufgabe 3:

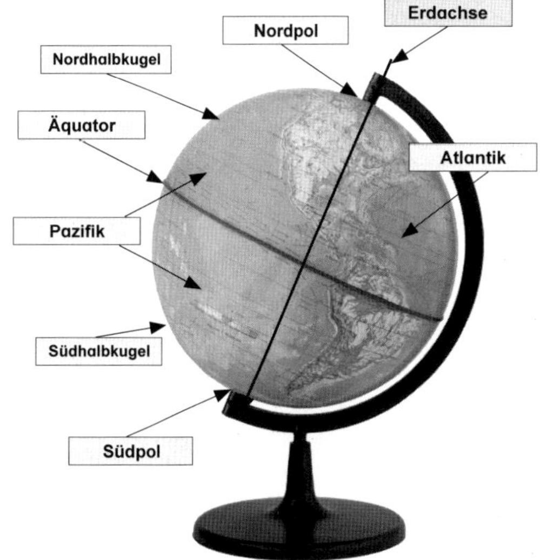

3 Verteilung von Land und Wasser

Aufgabe 1:

a) Die **Landfläche** der Erde besteht aus sieben Kontinenten.
b) Die Wasserfläche der Erde besteht aus **drei Ozeanen**.
c) Die Wasserfläche auf der Erde ist mehr als **zweimal** so groß wie die Landfläche.
d) Der **Indische** Ozean ist mehr als **dreimal** so groß wie Nordamerika.
e) Der **Pazifische** Ozean ist mehr als **viermal** so groß wie Asien.
f) Südamerika ist **doppelt** so groß wie Australien.
g) Der Atlantische Ozean ist fast **sechsmal** so groß wie Südamerika.

Aufgabe 2:

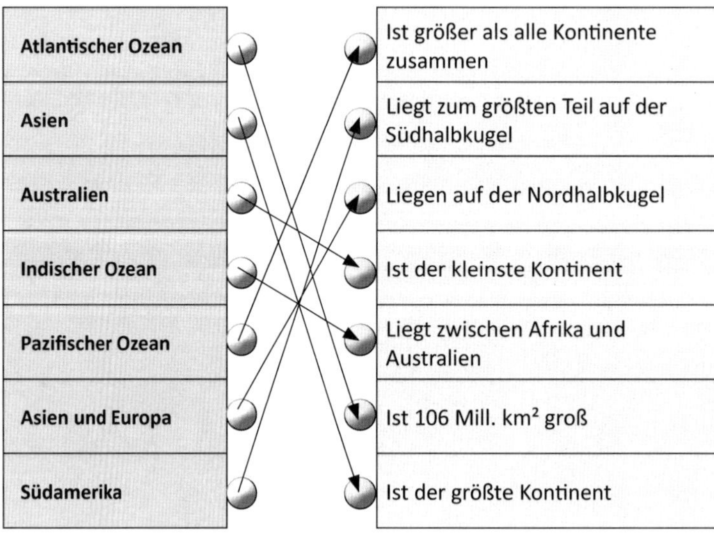

3 Verteilung von Land und Wasser

Aufgabe 3:

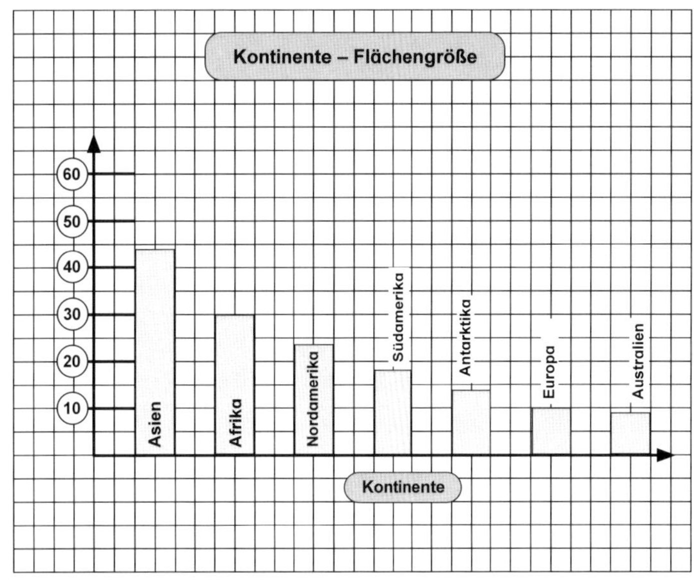

4 Lage und Größe der Kontinente und Ozeane

Aufgabe 1: **MAGELLAN=WELTUMSEGLER**

Aufgabe 2:

		Richtig	Falsch
a)	Australien liegt auf der nördlichen Halbkugel.		X
b)	Europa und Asien gehören zu einer großen Festlandmasse.	X	
c)	Die Nordhalbkugel wird auch „Wasserhalbkugel" genannt.		X
d)	Europa ist der zweitkleinste Kontinent.	X	
e)	Südamerika liegt südlich von Afrika.		X
f)	Der Indische Ozean liegt zwischen Europa und Nordamerika.		X
g)	Afrika liegt östlich von Nord- und Südamerika.	X	
h)	Europa liegt nördlich von Afrika.	X	

Aufgabe 3: **Korrekturen:**

a) Australien liegt auf der südlichen Halbkugel.
c) Die Nordhalbkugel wird auch „Landhalbkugel" genannt.
e) Südamerika liegt westlich von Afrika.
f) Der indische Ozean liegt zwischen Afrika und Australien.

Aufgabe 4: Weltkarte Puzzle

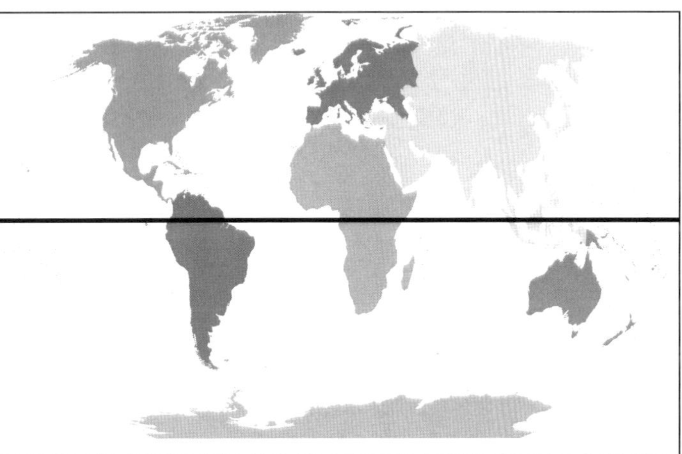

DIE ERDE – unser blauer Planet
Ein besonderer Planet in unserem Sonnensystem – Bestell-Nr. 12 298
KOHL VERLAG

8 Lösungen

5 Unser Sonnensystem

Aufgabe 1:

1	Merkur	5	Jupiter
2	Venus	6	Saturn
3	Erde	7	Uranus
4	Mars	8	Neptun

Aufgabe 2:

a) Mein Vater erklärt mir jeden Sonntag unseren Nachthimmel.
b) Das ist ein Himmelskörper, der eine Sonne umkreist.
c) Planeten umkreisen die Sonne, ein Mond umkreist einen Planeten.
d) Jupiter – Merkur
e) Neptun
f) aus Gasen
g) Fixsterne leuchten selbst und haben eine unveränderte Position am Himmel.
Wandelsterne (= Planeten) leuchten nicht selbst und umkreisen die Sonne.

Aufgabe 3:

a) Zu unserem Sonnensystem gehören **Planeten, Monde, Asteroide, Kometen, Kleinplaneten**.
b) Der Mittelpunkt unseres Sonnensystems ist die **Sonne**.
c) – Die Sonne ist ein **Stern** im Weltall.
– Die Erde ist ein **Planet** der Sonne.
– Der Mond ist ein **Trabant** der Erde.
d) Merkur, Venus, Erde, Mars
e) Planeten umkreisen die Sonne.
Monde umkreisen einen Planeten.
f) Erde / Mars /Jupiter / Saturn / Uranus / Neptun
g) Sie gibt uns Licht und Wärme.
h) am nächsten: Merkur / am weitesten: Neptun
i) Pluto ist jetzt nur noch ein Zwergplanet.

Aufgabe 4:

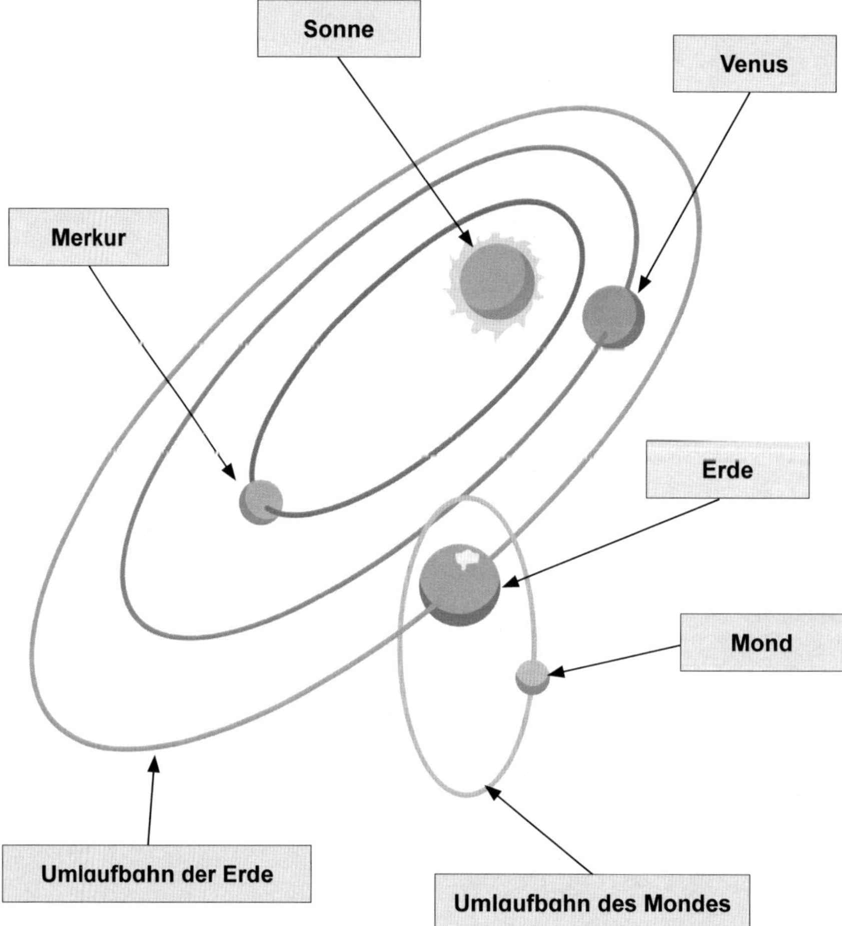

Aufgabe 5: **WELTRAUMSTATION*IM*ORBIT**

8 Lösungen

6 Die Erde – der dritte Planet im Sonnensystem

Aufgabe 1:

a) 365,2 Tage

b) Rotation

c) Revolution = Erdbahn

d) Von Westen nach Osten.

e) Die Erde ist ein Geoid, weil sie an den Polen abgeflacht ist, das entsteht durch die Zentrifugalkraft, die wiederum durch die Rotation entsteht. Rotation ist die Drehung der Erde.

f) Atmosphäre – sie schützt uns vor der schädlichen UV- und Röntgenstrahlung der Sonne, lässt aber das lebenswichtige Sonnenlicht zur Erdoberfläche durch.

g) Venus und Mars

h) 40.000 km

i) Kugel, ist aber an den Polen etwas abgeplattet.

Aufgabe 2:

a)

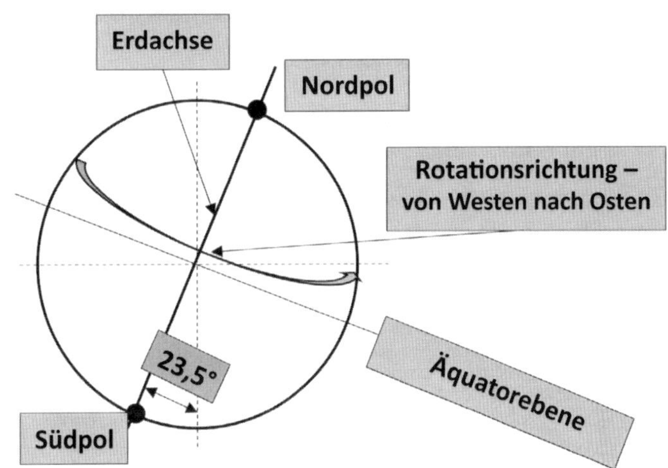

b)

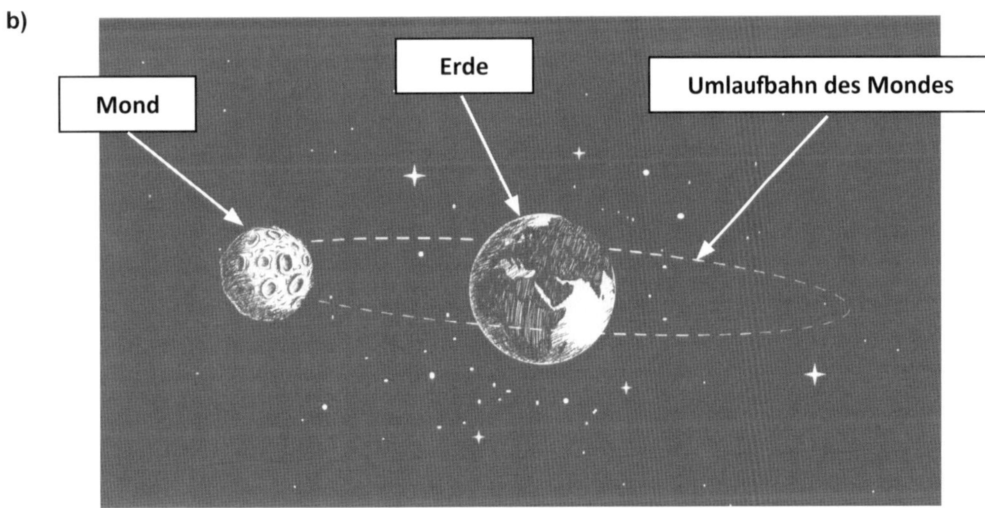

Aufgabe 3: **EINE*BESONDERE*KUGEL**

8 Lösungen

7 Rotation und Revolution

Aufgabe 1:

a) Rotation

b) Die Erde dreht sich von West nach Ost um die eigene Achse.

c) In 24 Stunden

d) Die Erdachse ist eine gedachte Linie, die von Pol zu Pol durch die Erde verläuft.

e) Die Erdrotation ist die Drehung der Erde – in 24 Stunden – um sich selbst. Durch diese Drehung entstehen Tag und Nacht.

f) Die Sonne scheint immer nur auf eine Hälfte der Erde. Auf dieser Seite ist es Tag und auf der anderen Seite ist es Nacht.

g) Auf der sonnenzugewandten Seite ist Tag, auf der sonnenabgewandten Seite ist Nacht.

h) Sie dreht sich zum einen um die eigene Achse und bewegt sich zum anderen um die Sonne.

Aufgabe 2:

- Die Erde hat eine **kugelähnliche** Gestalt.
- die Erdachse verbindet **Nord- und Südpol** und hat eine Schrägstellung.
- die Erde dreht sich in **24 Std.** einmal um ihre eigene Achse. Dadurch entstehen **Tag und Nacht**.
- Die **Sonne** ist die entscheidende Kraft- und Energiequelle für die Erde.

Aufgabe 3:

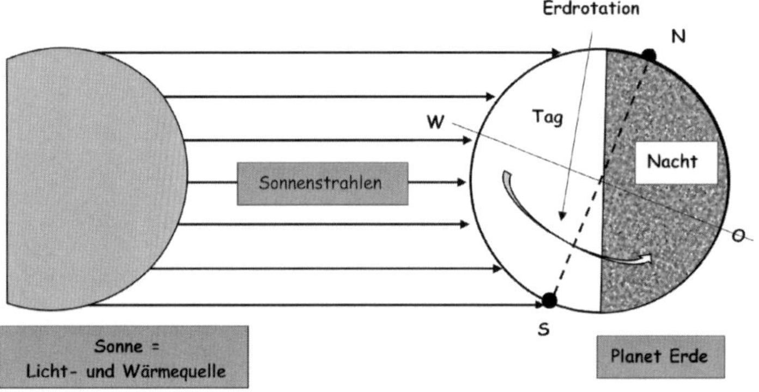

Aufgabe 4:

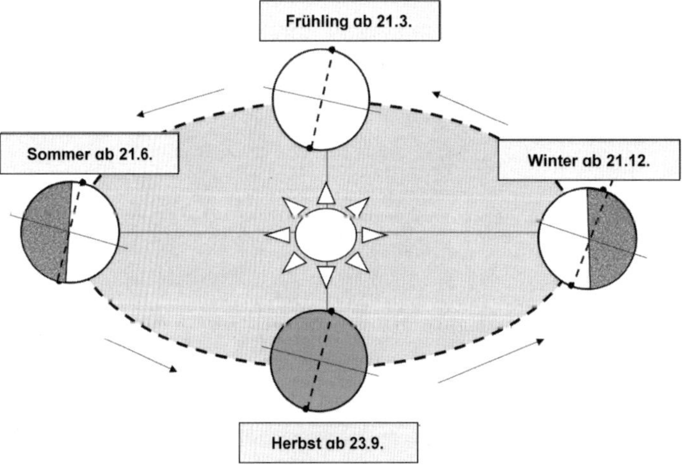

Aufgabe 5:

Datum	***21. März***	**21. Juni**	***23. September***	**21. Dezember**
Nordhalbkugel	Frühlingsanfang	***Sommeranfang***	***Herbstanfang***	***Winteranfang***
Südhalbkugel	***Hebstanfang***	***Winteranfang***	Frühlingsanfang	***Sommeranfang***